赤坂英一

JN178189

野球エリート

野球選手の人生は13歳で決まる

講談社＋α新書

はじめに

プロ野球と違って、高校球界はスター選手の入れ替わるサイクルが実に早い。現役生活が3年と短いから当然ではあるが、ファンやマスコミの注目を集める〝新星〟が次から次へと誕生する。そのたびに判で押したように「彗星《すいせい》のごとく現れた」と形容され、大きな期待を背負ってプロの門をたたくのだ。

最近、甲子園で活躍した選手を振り返ると、寺島成輝《なるき》（履正社高校→東京ヤクルトスワローズ）、藤平尚真《ふじひらしょうま》（横浜高校→東北楽天ゴールデンイーグルス）、高橋昂也《こうや》（花咲徳栄高校→広島東洋カープ）ら3人の投手が「高校ビッグスリー」と言われて、プロのドラフト会議にかけられたのが2016年秋のこと。翌17年には清宮幸太郎（早稲田実業学校→北海道日本ハムファイターズ）をはじめ、中村奨成《しょうせい》（広陵高校→広島）、安田尚憲《ひさのり》（履正社→千葉ロッテマリーンズ）ら超高校級のスラッガーたちが脚光を浴び、いずれもドラフト1位でプロの世界へ飛び込んでいった。

そして、その清宮たちがまだキャンプにも参加していない18年の年明け早々から、もう秋のドラフト1位候補がファンの注目を集め、スポーツ新聞紙上をにぎわせている。その筆頭が、本書に主役のひとりとして登場する大阪桐蔭高校の〝二刀流〟根尾昂《あきら》だ。2年生だった17年春の選抜大会で甲子園に初登場すると、打っては初打席で初安打初打点を記録、投げては抑えとして登板し、決勝戦で優勝投手となった。

折しも、二刀流の先輩、花巻東高校から日本ハムへ入団して大活躍した大谷翔平が、かねて公言していた通り、翌シーズン大リーグに挑戦することが現実味を帯びてきた時期でもあった。文字通り、球界の時流に乗った根尾の甲子園デビューは、例によって「彗星のごとく現れた」とスポーツ紙に書き立てられた。

しかし、「彗星のごとく」とは、あくまでも見る側からの表現である。野球に限らず、スポーツ選手なら誰もがそうであるように、最初から彗星のようにまばゆいばかりの輝きを放っている人間などひとりもいない。根尾はもちろん、ここ数年、10代で活躍している高校球児たちのほとんどが、それ以前の中学生時代、もっと早いケースでは小学生時代から、甲子園で活躍し、プロ選手になることを夢見て、そのための専門的な指導を受け、レベルの高い練習を重ねている。

一言で言えば、彼らは幼いころから野球の「英才教育」「エリート教育」を受けているのだ。

そんな現代の「野球エリート」がどのようにして育成されているのか、実態と現状をつぶさに取材し、まとめたのが本書である。プロに入る前の中学生や高校生本人、彼らの保護者や指導者たちにインタビューを重ねて、練習や試合も見て回った。さらに、努力を実らせてプロ入りを果たしたものの、そこで壁にぶつかり、もがいている選手も紹介している。

今日では、プロの球団が地元の小中学生を指導する野球アカデミーを運営し、優秀な小学生を集めてジュニアチームを編成、日本一を争う全国大会も行われていることから、小学生でプロ選手と触れ合い、直接何らかの指導を受けた経験を持つ子供も少なくない。現に、根尾も小学6年生で中日ドラゴンズのジュニアチームに選ばれた。本書の登場人物のひとり、オコエ瑠偉《るい》（関東第一高校→楽天）も読売ジャイアンツのジュニアのメンバーとしてプレーした経験を持つ。

このように幼くして「野球エリート」の道を歩み始めた子供たちは、地元の有力な中学生チーム、リトルシニアやボーイズリーグに誘われる。そうしたチームのほとんどが硬球を使用しているため、優れた子供ほどシニアやボーイズに進み、軟球を使っている中学校の野球部には入ろうとしない。あるボーイズの指導者は、「学校では野球部ではなく、陸上部に入るよう指導していいます。足腰を鍛えるのにちょうどいいですから」と言った。

私が取材したボーイズの球児のひとりは、10代半ばにもかかわらず、「ぼくは甲子園に出て、プロに行くのが目標です。そのためには早く硬球に慣れておきたいと思いました」とはっきり言った。「強い高校にはうまい子ばかり集まりますから、ボールの違いのせいで最初から出遅れたくないじゃないですか」と言うのだ。確かに、理に適《かな》っている。こういう思考法自体、すでにプロに近い。これが今時の「野球エリート」なのだ。

最近では、現役を引退したのち、セカンド・キャリアとして野球塾を開く元プロ選手も増えている。その塾長は、「ぼくのところへ野球を教わりに来る子は、みんなプロを目指してます。ひとりの例外もありません。今時は小学生からそれぐらいの努力をしないと、甲子園に出るのはもちろん、プロになるところまでたどり着かないと思います」と断言した。

いまこの本を手に取っている読者が10代でこれから本格的に野球をやるつもりなら、あるいは、そういう年齢の子供や孫がいる大人で野球をやらせる計画を立てているのなら、いずれにしても今時の「野球エリート教育」は必須である。そこで練習を積み、実力を身につけ、勝つ喜びを味わい、子供は一人前の選手に育っていく。その過程でチームメートやライバルとの友情を育み、親や指導者との葛藤を通して、人間的にも成長してゆくのだ。

本書が、子供を野球選手にしたい親にとっても、自ら野球選手になりたい子供にとっても一助になれば、筆者としてはこんなにうれしいことはない。

2018年1月

赤坂英一《あかさかえいいち》

◉目次

第4章　東都大学史上初の二刀流　鈴木駿輔

第5章　親の愛とプロの壁　古澤勝吾

第6章　頼れる者は自分ひとり　オコエ瑠偉

終　章　いくら生まれつき才能に恵まれていても

序章　甲子園の勝敗はスカウトで決まる

広がる戦力格差

阪神甲子園球場で行われる高校野球では、試合前にマスコミが監督や選手に取材できる一定の時間が設けられている。一方の高校が一塁側の室内練習場で試合開始時刻の2時間前から10分間、もう一方は三塁側の練習場で1時間45分前からまた10分間。私のようにひとりで両校を取材するライターも多く、報道陣が一塁側から三塁側へ移動する時間を確保するため、間のタイムラグは5分間と、それぞれ厳密に決められている。

2017年8月17日午前10時、第99回全国高校野球選手権大会第9日第2試合の開始2時間前、私はまず智弁学園和歌山高校が待機する一塁側の練習場へ向かった。さっそく大勢の記者やテレビカメラに囲まれた監督の高嶋《たかしま》仁《ひとし》は、1972年に奈良の智弁学園高校の監督に就任し、80年から姉妹校の和歌山へ転任、甲子園で歴代最多の通算64勝を誇る71歳の名将だ。

高嶋の顔はいかにも仏頂面に見えた。ほかでもない、この日の相手が今大会一番の優勝候補で、実現すれば史上初となる2度の春夏連覇を目指す大阪桐蔭高校だからである。

「相手は優勝候補ですから、なるようにしかならんでしょう。そりゃ、力的には向こうが上ですよ。打線は当たると止まらん。でも、野球は何がどうなるかわからんからね。いい当たりが野手の正面へ飛ぶことを祈ります。気持ちだけで勝てるかどうかわからんけど、ベストを尽くせばええんと違いますか」

開き直っているかのような言葉の端々に、大阪桐蔭への敵愾心《てきがい》が覗く。

歯に衣着せぬ物言いで知られる高嶋はこれまでにも、メディアのインタビューを受けるたび、大阪桐蔭の中学生に対するスカウトやスポーツ特待生を優遇する制度を厳しく批判していた。あそこはこっちの地元の和歌山をはじめ全国から優秀な中学生を集めている、これでは戦力格差が広がるばかりだ、と。

そう口を極めて言い募る高嶋は、大阪桐蔭監督の西谷浩一《にしたにこういち》と、実は個人的に親しい間柄だ。現に、今大会を控えた抽選会の夜、明徳義塾高校監督の馬淵史郎《まぶちしろう》を交えて3人で会食し、思う存分恨み辛みをぶつけたという。

「ええ、西谷さんには口で皮肉を言いましたよ。きょうマークしなきゃいかんのは1番の藤原(恭大《きょうた》)。アレを出したら厄介ですね。あの子はムードを持ってます。あの子が打ったら、チーム全体が何かが起きるという雰囲気になる。まだ2年生でしょう。ああいうのを持っていくなっちゅうのに」

高嶋が言う通り、2年生ですでにプロにも注目されている藤原は、早くも中学時代から高校球界に名を轟かせていた。兵庫県尼崎市に生まれ、日本少年野球連盟選手権大会で5度の優勝を誇る強豪・枚方ボーイズの主力となり、走攻守の三拍子そろった投手兼外野手として大活躍する。

全国の高校が展開した激しい争奪戦を制し、大阪桐蔭が獲得に成功したのだ。

13年までその枚方ボーイズの監督を務めていたのが、秀岳館高校監督の鍛治舎巧《かじしゃたくみ》だ。今大会を最後に退任すると明言していた鍛治舎は、大阪桐蔭が全国の中学校から集めた選《え》りすぐりの顔ぶれを評して、こう言っていた。

「私にしてみたら、知ってる子ばっかりですよ。ボーイズで活躍しとった有名な子がいっぱいおる。5人も2年生を入れているのは、来年もっと強いチームにするつもりなんでしょう。西谷さんは来年、100回大会の優勝を狙ってるんじゃないですか」

そんな鍛治舎や高嶋の言葉からも明らかなように、現代の高校野球のチームの強弱は、日ごろの指導や鍛錬もさることながら、どれだけ優秀で力のある中学生を集められるかにかかっている。スカウトが強化の要になっている点においては、高校もプロと変わりない。

「二刀流」を超える逸材

高校野球の2017年は、スラッガーの年だった。その年の秋、プロのドラフト会議にかけられそうな逸材がそろっていた。

春の選抜大会では、高校通算最多の111本塁打を記録することになる早稲田実業学校の清宮幸太郎をはじめ、履正社高校の安田尚憲《ひさのり》、福岡大学附属大濠高校の古賀悠斗《ゆうと》らが自慢の打棒を競った。夏の選手権大会では、広陵高校の中村奨成《しょうせい》が１９８５年のＰＬ学園高校・清原和博の大会記録を32年ぶりに塗り替える６本塁打を放って、横浜高校の増田珠《しゅう》、盛岡大学附属高校の植田拓《たく》も注目を集めた。そして、春夏続けて出場した馬淵の明徳に西浦颯大《はやと》、鍛治舎の秀岳館には木本凌雅《りょうが》がいた。いずれも、中学時代からボーイズやリトルシニアで勇名を馳せた選手ばかりである。

智弁和歌山の高嶋が目の敵《かたき》にしている大阪桐蔭の４番打者も例外ではなかった。ただ、彼の場合は、並外れた長打力を誇る強豪校の主砲たちとはタイプが違っていた。

高嶋の話を聞き終えてから５分後の10時15分、大阪桐蔭高校の２年生、根尾昂《あきら》は、三塁側室内練習場で報道陣を待っていた。１７７センチ、77キロの体格は、早実の清宮、広陵の中村と比べるといかにも小さい。

しかし、一見華奢《きゃしゃ》にも見えるこの身体で、根尾は春の選抜で華々しい甲子園デビューを飾った。

打者としての初打席で初安打初打点を記録した勝負強さ、サッカー選手のように塁間を駆け抜けるスピードとスタイル、最後に決勝で抑え投手としてマウンドに上がった勇姿に魅了されたファンは少なくない。スポーツ紙には、花巻東高校から北海道日本ハムファイターズに入団した大谷翔平の二刀流を超え、内野手、外野手、投手の「三刀流」だという大見出しが躍った。

監督の西谷によると、飛騨市出身の根尾には、大阪で野球ばかりやっていた子供にはない特殊なバックボーンがあるという。それは、幼少期から親しんでいるスキーだ。雪国に生まれ育った根尾は2歳からスキーを始めて、中学2年生で男子回転競技の全国大会で優勝、イタリアで国際大会に出場するまでになった。その競技生活で培われた体幹の強さと優れたバランス感覚がいま、野球のプレーにも生きているのだ、と。

加えて、中学時代の成績がオール5だったという頭のよさも見逃せない。両親がともに医者で、地元の診療所に勤務しており、兄も岐阜大学の医学部に学んでいる。野球をやりたくて大阪桐蔭へ進学した根尾も、バスでの移動の最中には常に本を読んでいて、西谷や先輩たちを感心させていた。

春に続く2度目の甲子園、もう馴れたのではないか。そう尋ねると、根尾はこちらの目を真っ直ぐに見て答えた。

「いや、馴れた、というのとは違いますね。確かに、春に比べれば、それほど緊張してはいませんけど、まったく緊張していないわけでもなくて、ほどよく、いい感じできているかな、という状態です」

この日の智弁和歌山戦では、甲子園で初の4番を打つことになっていた。2年生にとっては精神的重圧のかかる打順である。しかも、あらかじめ西谷に伝えられていたわけではない。この日

の朝、ミーティングで西谷がスタメンを読み上げたとき、

「4番、ライト、根尾」

そう言われて、初めて自分が4番と知ったのだ。驚かなかったのかと聞かれると、根尾は笑みを浮かべて言った。

「いえ、その瞬間は、よし、やってやる！　と思いました。4番自体は2度目ですから。去年の秋季大会、智弁学園との試合で、一度経験してますので」

前年10月、和歌山で行われた秋季近畿地区大会の試合である。ここで初めて4番・ショートに抜擢された根尾は、中押しのセンター前タイムリーに加えて、ダメ押しの本塁打をバックスクリーン横にたたき込んだ。

そして、この日の甲子園でも、初回にツーアウト、三塁で最初の打席が回ってくると、しっかりセンター前へ弾き返した。この先制タイムリーが効いて2－1で競り勝ち、3回戦へ駒を進める。

甲子園では初めての4番だったにもかかわらず、なぜ最初のチャンスで結果を出すことができたのか。根尾が言う。

「この試合の前日、大阪桐蔭のグラウンドでやったシート打撃の効果だと思います。ぼくたちは地元なので、試合のない日は自分たちのグラウンドで練習ができる。そこで、ツーアウト二・三

塁、ワンアウト一・二塁のような実戦形式の打撃練習をするんです。おかげで、ここでこういうヒットを打って、1点が入れば相手もガクッとくると、そういう具体的なことをイメージしながら打席に入れたのがよかったんじゃないでしょうか」

貴重なタイムリーヒットを打ち、試合後も興奮が冷めやらない高校球児が少なくない中で、根尾はいつも理路整然と答える。そんな性格について、西谷はこう解説していた。

「根尾は物怖《ものお》じすることがないし、動揺する心配もありません。彼にとっては、その日の打順がどこでも関係ないんですよ」

1点差で敗れた智弁和歌山の高嶋は、試合後に報道陣の前で悔しさを剝き出しにした。71歳という年齢から、近い将来の勇退も囁かれているが、それを真っ向から否定してまくし立てた。

「大阪桐蔭をたたくまでは辞められん。今度こそはたたきますよ。来年の春も夏も、また甲子園に出てこんとあかん。たたかんと智弁の名がすたるわ」

2018年に再び大阪桐蔭と対戦すれば、根尾は3年生になっている。4番を打つかどうかはわからないが、西谷が言うように、どの打順でも勝利に貢献する活躍を見せるだろう。

そして、根尾の下にはまた、新たな才能を持つ1年生や2年生が登場しているはずだ。大阪桐蔭だけに限らず、全国から甲子園を目指してやって来る様々な高校で。

英才教育は小学生から

テニス、卓球、体操、フィギュアスケートなど、10代でオリンピックの日本代表に選ばれる競技では、非常に早い年齢で選手の才能が指導者に見出される。小学生で早くも天才扱いされ、マスコミの注目を浴び、一躍有名になる子供も珍しくない。

彼ら、彼女らが順調に育てば、やがてオリンピックや国際大会でメダルを獲得するまでに成長する。世界の檜舞台で頂点に立つアスリートのほとんどは10代前半で頭角を現し、懸命に地道な努力を重ねているのだ。

野球も例外ではない。高校野球ではよく、スター選手が「彗星のごとく現れた」と表現されるが、何の前触れもなくいきなり才能を開花させる選手などひとりもいない。現実には、小学生時代から素質の片鱗を見せ、それを伸ばそうと親や指導者が心血を注ぎ、野球選手としての土台をつくられた中学生が高校野球の世界に入っていく。

当然、優秀な中学生であればあるほど、甲子園に出場している強豪高校から多くの誘いの声がかかる。大人たちの様々な思惑が交錯し、少年の進路が左右される。それは、青春という言葉には収まりきらない人生の一断面と言っていい。

「野球のできる子ほど、中学から高校へ進学するとき、否応なしに大人の世界を見せつけられるんです。あそこへ行け、いや、こっちにしろと、いろんなことを言う人たちが一斉に近寄ってきますから」

そう言うのは、関東首都圏で野球塾〈デーブ・ベースボールアカデミー〉の塾長を務めている犬伏稔昌《いぬぶしとしあき》である。彼自身、かつては若江ジャイアンツというボーイズリーグのチームから近畿大学附属高校に進み、1990年春の選抜大会で優勝、埼玉西武ライオンズに入団したプロ野球OBだ。

「ぼくも、若江ジャイアンツから近大附属に行くと言ったら、別の高校と話を進めていたボーイズの代表が怒ってね、両親と一緒に家まで行って、土下座せんばかりに平謝りですよ。これが世の中というものかと思いましたね。人生の通過儀礼のようなものかな」

そう語る犬伏が最初に手がけた塾生は聖光学院高校で主砲兼エースとして活躍し、16年夏の選手権大会に出場した。背番号8を背負って3回戦の東邦高校戦に先発登板し、見事に完投勝利を挙げている。

飛騨市の根尾の前には、福島の二刀流と呼ばれた高校球児がいた。その選手を育てた犬伏本人もまた、昔は大人たちを色めき立たせた金の卵だったのだ。

一方、聖光学院に敗れた東邦は17年、強豪校の間で激しい争奪戦となった愛知知多ボーイズの大型内野手を獲得し、18年春と夏の甲子園出場を目指している。その選手は、大阪桐蔭の西谷も目をつけていた選手だった。

甲子園で勝つためには、才能のある中学生を集めなければならない。何よりも大切なのは、そういう素質に恵まれた子供が、勝利と成功に向かってひたむきに練習することができるか。その努力を続けられるよう、人生の早いうちに、それこそ子供のころに正しく導いてもらえるかどうかだろう。

この本に綴ったのは、そんな才能の原石と親と指導者の物語である。

第1章　飛驒高山が生んだスーパー中学生　根尾昂

「オール5」のスーパー中学生

根尾昂《あきら》が初めて阪神甲子園球場に登場したのは、2017年3月25日、第89回選抜高校野球大会の1回戦だった。新2年生の16歳ながら、この日の第1試合に5番・ショートとして大阪桐蔭高校のスタメンに名を連ねた。甲子園のスタンドはもちろん、テレビ観戦していたファンが、NHKの全国中継によって根尾の躍動する姿を目の当たりにしたのも、このときが最初である。

全国で一、二を争う強豪、大阪桐蔭の選抜出場はこの大会で3年連続9回目だ。08年夏の選手権大会で優勝、12年に春夏連覇、14年夏にも全国制覇を果たし、この選抜でも優勝候補に挙げられていた。

相手の宇部鴻城高校は選抜出場が2年ぶり3回目で、夏の選手権出場はまだ1回だけ。これほど格差のあるカードの場合、勝敗はほとんど興味の対象にならない。

大阪桐蔭の西谷浩一《にしたにこういち》監督は毎年全国の中学校から有力な選手を集めており、強いチームづくりにかけては高校球界でも随一の手腕を誇る。その西谷は今年、どのようなチームを率いて甲子園に乗り込んできたのか。打線の中軸に抜擢した2年生はどれほどの逸材なのだろう。そんな興味を抱く高校球界の関係者やプロのスカウトたちにとって、この試合の最大の見どころは根尾だった。

この大会には早稲田実業学校の主砲・清宮幸太郎をはじめ、履正社高校のスラッガー・安田尚憲《ひさのり》、日本大学第三高校のエース・櫻井周斗《しゅうと》や4番を打つ巨漢・金成麗生《かなりれお》など、テレビ、新聞、雑誌、さらにインターネットで大きく取り上げられ、ファンの人気も高いスターが集結していた。そうした中、彼らに比べれば全国的な知名度の低い2年生の根尾が、秘かに注目されていたのはなぜか。

理由は、中学生時代からプロも注目する類《たぐ》い希《まれ》な素質を発揮し、投打の二刀流で活躍していたことにあった。ちなみに、二刀流の先輩、花巻東高校から北海道日本ハムファイターズに入団した大谷翔平と同じ右投げ左打ちである。中日ドラゴンズの水谷啓昭《みずたにひろあき》は、根尾を初めて見たときの衝撃をこのように語っている。

「私がこれまでに見た中学生の中で、間違いなく根尾くんがナンバーワンでした。走攻守とすべてにわたって中学生としてはずば抜けていた。怪物というか、化け物というか」

水谷は現役時代、左の中継ぎ投手で、引退後は中日のコーチ、スカウトを歴任し、60歳となった2014年から、ドラゴンズベースボールアカデミーで少年野球の指導に当たっている。東海地区を中心にリトルシニアやボーイズなどを視察して回り、〈月刊ドラゴンズ〉の『イチオシ君』という連載コラムで有望な中学生を紹介している。それほど長い球歴と調査力を持つ水谷が、「野球人生で見た中学生の中で間違いなく一番」とまで絶賛していた。

とくに目を見張ったのが、投手としてマウンドに上がったときの球速である。

「ナゴヤ球場で146キロを出したんです。プロだってそこまで出せる投手はそう多くはいない。それを、中学生でやっちゃったんだから。まったくもって、末恐ろしいよ」

そのころから、根尾の許《もと》には大阪桐蔭だけでなく、全国から様々な強豪高校の関係者が日参していた。50m走は6秒0。野球のほかにもスキーに打ち込んでおり、男子回転の全国大会で優勝したのみならず、世界を狙えるほどの実力の持ち主だという。成績はオール5で、生徒会長も務めているという情報とも相俟《あいま》って、根尾はいつの間にか、彼を追いかけている関係者の間で、「スーパー中学生」と噂されるほどの存在になっていたのだ。

その根尾がきょう、いよいよ甲子園で最初の晴れ舞台に臨もうとしていた。

鮮烈な甲子園デビュー

最初の打席をどのような気持ちで迎えたいか。朝7時に三塁側室内練習場で行われた囲み取材で質問された根尾は、こう答えている。

「回の先頭だったらチャンスをつくれるバッティング、ランナーがいる場面だったら得点につながるバッティングをしたいです。相手投手はしっかりとコースを突いてくる印象があるので、ボール球に手を出さず、甘い球を見逃さないでたたこう、と思ってます」

持ち味は何か。どんな姿を見せたいと思うか。そういう質問には、こう強調した。

「全力プレーです。打ったらフルスイング、塁に出たら全力疾走。いつもバッティングは思い切りよく、塁に出たらとにかくひとつでも先を狙う。常にそういうプレーをしていれば、相手のバッテリーにも圧をかけられますから。野球ではやっぱり、足でプレッシャーをかけることも大事だと思いますんで」

根尾は常に記者の目を真っ直ぐ見て、快活に答える。受け答えがしっかりしてるね、と記者に言われると、照れ笑いを浮かべた。

「はい。生活の基本として、挨拶だけはきちんとするようにしてますんで」

家庭や学校での躾《しつけ》と教育が行き届いていることをうかがわせるコメントだった。

朝9時に試合が始まって間もなく、一回裏に早くも根尾に最初の打順が回る。4番を打つ山本ダンテ武蔵《むさし》が押し出し四球を選び、1点を先制してなおノーアウト満塁。一気に畳みかけたいチャンスで、甲子園での初打席がめぐってきたのだ。

「思い切って振れよ」

さすがに硬くなっていた根尾に、ベンチで西谷が声をかける。「はい」と答えて、根尾が打席に向かった。内外野の両方を守る関係で背番号7を背負った177センチ、77キロの華奢な身体でバットを構える。

3－2のフルカウントまで、根尾は一度もバットを振らなかった。いや、緊張のあまりバットが出なかったのかもしれない。6球目の甘いカーブにタイミングを合わせ、バットを鋭く一閃させると、球足の速いゴロが一・二塁間を抜けてゆく。記念すべき甲子園での初打席が2点タイムリーとなり、初安打、初打点が記録された。試合も大方の予想通り、11－0で大阪桐蔭の快勝である。

ベンチ裏へ帰ってきた根尾は、試合前よりも多くの記者に囲まれた。

「見ていこうとは考えませんでした。フォアボールを選ぶのは嫌ですから。ただ、打った球の前にもいい球が来てました。もっと早いカウントで打っておけばよかったです。やっぱり緊張もしてたし、自分のスイングはまだできていなかったと思います」

根尾のヒットはこの1本だけで、5打数1安打2打点。とりあえず、甲子園のデビュー戦としては合格点ではないか。監督の西谷に水を向けると、彼は慎重にこう答えた。

「しかし、あの打席以外は、4打席ともフライ（アウト）でしたから。まだまだ、根尾にとっては始まったばかりだし、これからアジャストしていかなければならない面もあります」

ショートの守りでは、4度の機会で危なげなくゴロを処理し、八回表の守備から外野のセンターに回った。フライを追ってセカンドの坂之下《さかのした》晴人《はると》と接触しかけた寸前、ヒラリと体をかわす身軽さも見せている。

根尾自身は、こう振り返った。

「あの場面は、内外野の声の連係をしっかりやらないといけないところでした。甲子園はスタンドの声援がすごくて、選手同士の声が聞こえにくいんです。そういうことも初めてわかったので、これからはもっと声を出していかないといけないと思いました」

どの場面、どのプレーについて聞いても、具体的で明快な答えが返ってくる。緊張していたと言いながら、経験の乏しい球児によくあるように、声が上ずったり、言葉に詰まったりすることもない。この日が甲子園初出場とはとても思えないほどだった。

これで、根尾は持参したグラブ3つのうち内野用と外野用の2つを使った。残る3つ目は投手用である。中日の水谷が証言しているように、根尾は中学時代に146キロを計測している。高校に入ってからは、さらに148キロまでスピードを上げていた。

根尾は試合のない日も高校の練習場で投球練習を重ねており、甲子園での初登板に備えていた。根尾はいつマウンドに上がるのか、先発なのかリリーフなのか。

「両方ともあり得ます。彼を投げさせるチャンスがあればね」

西谷はそう言って煙に巻いた。どのような形で根尾に投手デビューさせようか、すでに様々に思いを巡らせていたに違いない。

２歳で始めたスキー

飛騨高山に素晴らしい野球のセンスを持つ「スーパー中学生」がいる。地元の県立岐阜高校か横浜の慶應義塾高校に進むだろう、という周囲の見方を覆し、大阪桐蔭が激しい争奪戦を制して獲得に成功した。そんな野球の世界にありがちな伝説じみた話を私が耳にしたのは、２０１６年秋、全国各地のリトルシニアやボーイズリーグ、強豪と言われる高校の野球部を訪ね歩いていた最中のことだった。

中日の水谷をはじめ、横浜の都筑《つづき》中央ボーイズ会長・前田幸長《ゆきなが》、埼玉の狭山《さやま》西武ボーイズ代表・小野剛《ごう》など、自分で少年野球チームを運営しているプロ野球ＯＢも根尾の存在を知っていた。そうしたチームに子供を入れている親の中にも、根尾の噂なら聞いたことがあるという人が少なくなかった。

このころ、東北楽天ゴールデンイーグルスの新人だったオコエ瑠偉《るい》と話していて、根尾の名前を告げたときの反応も印象深い。「おっ」と目を輝かせ、彼は言った。

「すごいらしいですね。中学生で１４０キロ出したんでしょう」

才能の輝きを放つ少年は、そこにいるだけで、いや、噂を耳にするだけで、野球の好きな大人たちをワクワクさせる。親兄弟や親類でもないのに、夢を見るような気分にさせてくれる。かつての甲子園を沸かせたオコエのように、いまの根尾もまた、そういう存在になっているのだ。

根尾は2000年春、現在の岐阜県飛驒市で3人きょうだいの3番目として生まれた。上には姉と兄がいる。50歳の父、49歳の母はともに医者で、父は地元の宮川町、母は河合町とそれぞれ異なる診療所に勤務している。「昂」という名前をつけたのは母のほうで、心や気持ちの「昂《たか》ぶり」から取られているという。

冬は雪国となる土地で、父が若いころからスキーをやっていたこともあり、根尾はわずか2歳でスキーを始めた。やがて、河合小学校に入ると、上級生や大人たちと一緒に近所のスキー場へ通うようになる。ときには、営業時間が終了するまで、延々と滑り続けていることも珍しくなかった。根尾が言う。

「飛驒は雪国だから、スキーはみんなやってるんですけどね。実家があるのも、ホントど田舎で、森の中、山の中なんですよ」

ちなみに、幼少期は両親が仕事のために家を空けがちだったからか、おばあちゃん子として育ったという。

野球を始めたのは小学2年生からで、先に野球をやっていた兄の影響だ。兄と同じ地元の軟式少年野球チーム、古川西クラブに入団すると、すぐにエース兼三塁手としてチームを引っ張る存在になる。小学4年生のころには早くも、岐阜や下呂《げろ》のリトルシニアやボーイズリーグの関係者が試合や練習を見に来ていたほどだった。

小学6年生になった12年の夏、根尾は家族と一緒に初めて甲子園で高校野球を観戦している。奇しくも、大阪桐蔭の試合だった。

「バックネット裏の上のほうの席で見ていました。試合内容はあまり覚えてません。とにかくすごく暑い日だったんで、暑いなあ、という記憶が残ってるだけです」

当時、大阪桐蔭の不動のエースは、のちに鳴り物入りで阪神タイガースへ入団した藤浪晋太郎。立教大学を経てオリックス・バファローズ入りした2番手投手の澤田圭佑《けいすけ》も奮闘していた。キャッチャーには一学年下で、のちに西武に入ることになる森友哉《ともや》がいた。春夏連覇に向かって突き進む先輩たちの戦いぶりを、根尾は最後までテレビで観戦していたという。

「ずっと、リアルタイムで見てました。これはいまでもよく覚えてるんですけど、テレビに試合が映ってるとき、大阪桐蔭の選手は常に止まってないんですよ。どんなとき、どんな状況でも必ず、何人かの選手がずっと動き続けていた、という印象があります」

目を輝かせてそう語る根尾の表情は、野球少年そのものだ。12歳のころに心に刷り込まれた大阪桐蔭ならではのスピード感や躍動感が、根尾の人生を方向付けたのに違いない。

この年の秋、根尾は中日のドラゴンズジュニアのメンバーに選ばれた。東海地区の小学6年生18人のチームで、12月にＮＰＢ（日本野球機構）が主催する「ＮＰＢ12球団ジュニアトーナメント　ENEOS　CUP　2012」に出場している。根尾は背番号1を背負い、札幌ドームのマウンドに上がった。

最高球速は12歳にして128キロに達している。こうなると、シニアやボーイズの有力チームがほしがらないわけがなかった。

意外な選択

近隣地区のシニアやボーイズの間で、根尾をめぐって激しい争奪戦が展開された。根尾が家族と暮らす飛騨市から遠いチームの中には、入団の条件として練習と試合の日は車での送り迎えをつける、とまで申し出たところもあったという。根尾の実力が小学生時代からいかにずば抜けていたか、よくわかる傍証のひとつだ。

そんな最中、地元の飛騨高山ボーイズは表向き、静観を決め込んでいる。飛騨市内の喫茶店でインタビューした監督の森本健吾《けんご》は、穏やかな口調でこう振り返った。

「ウチはまだできたばかりで、そんなに強くもなかったですからね。これといって勧誘というほどのことはしてません。岐阜のチームに誘われていて、そっちへ行くんじゃないかという噂も聞いていたし」

それでも、地元のチームなのだから、一度は見ておいたほうがいいと周囲に勧められ、仕事の合間を縫って試合の観戦に出かけた。そのとき、根尾が見せた素晴らしいプレーがいまでも忘れられない、と森本は言う。

相手チームの攻撃で、根尾が三塁の守備についていると、打者が左翼の頭を越える長打を飛ばした。左翼手が慌てて打球を追いかけていると、三塁手の根尾は猛然と外野へダッシュし、瞬く間に左翼手を追い越して、打球を拾うや、素早く内野に返球したのだ。目の覚めるような足と送球で、打者走者を二塁に食い止めた、と森本は記憶している。

「あの速さには驚きました。うわ、とんでもないやつがいるもんだな、と。そのころから打撃も投球も飛び抜けてたけど、足でも根尾にかなう子はいませんでしたね。もうすべてにおいて次元が違っていたというか」

しかし、中学進学後も野球を続けるチームとして、根尾と両親は森本の飛騨高山ボーイズを選んだ。近所の古川中学校への進学が決まっていたため、最も近いところにあるチームに入ることにしたのだ。地元には森本のチームしかなく、ほかに選択肢はなかったのだが。

森本は1970年生まれで、根尾にとっては古川中学の先輩に当たる。球歴は小学校時代から捕手一筋で、中学でも軟式野球部で捕手をやっており、市立岐阜商業高校に進んで甲子園を目指した。最高で岐阜県大会の準決勝どまりで夢は叶わなかったが、捕手としての力を認められてNTT東海に就職する。のちに中日の守護神となる岩瀬仁紀《ひとき》とバッテリーを組んだことは、いまでも秘かな誇りだ。

１９９９年、ＮＴＴグループ全体の再編に伴い、野球部が東日本と西日本の２つに統合され、ＮＴＴ東海の野球部は廃部となった。その後、親が体調を崩した事情もあり、森本は２００６年に退職して飛騨に帰ってきた。

関西電力に新たな職を見つけ、地元の水力発電所のダムで働き始めてからしばらくしたころ、岐阜商の先輩の井上太から、少年野球のチームを立ち上げるから手伝ってほしい、と声がかかった。森本が監督、井上がコーチ兼代表に就任し、11年に飛騨高山ボーイズが創立される。根尾が入団したのは、それからわずか2年後の13年のことである。

根尾が並外れた力の持ち主とはいえ、いきなり2年生や3年生と一緒に練習させたり、試合に出したりはしなかった。まだ小学校を卒業したばかりだったから、中学生の先輩に交じると体格的にも少々見劣りがする。そこで、体力づくりにじっくり時間をかけ、硬球に慣らしていこう、と森本は考えた。

何もスパルタ式の猛練習を課したわけではない。多くの選手を抱え、毎日のように練習している都会の強豪と違って、自前のグラウンドも持っていない新興チームである。練習は高山市のグラウンドを借り、基本的に土日の2日間行うだけ。平日も週に1度、水曜か木曜、夜7時から9時まで練習時間を設けているが、それも強制ではなく、あくまで自主練習という形を取っている。

「中学では、必ず部活をやるという決まりがありますしね。野球をやってる子は陸上部に入る子が多いんです。根尾も陸上部で、その練習に毎日出なきゃいけない。私も、仕事で練習を見られない日もありますから」

森本は苦笑いして、こう付け加えた。

「のんびりしてるでしょ。でも、こんなものなんですよ、田舎のチームだから」

そう謙遜しながらも、基本的なことは最初のうちにきっちり教えている。悪い癖がつかないうちにと、根尾の投げ方と打ち方に少しずつ手直しを加えたのだ。

まず、右投げの投球フォームは、前に踏み出す左足がややクロスステップ気味だったので、ホームに対して左足を真っ直ぐ出すようにと教えた。そのほうが肩がスムーズに回転し、身体への負担も減る。ひいては、故障の少ない身体づくりにもつながる。それで真っ直ぐが走るようになると、今度は投球の幅を広げるため、カーブ、チェンジアップ、スライダーなど、緩急をつけられる変化球を覚えさせた。

左打ちの打撃には、バットがトップの位置に入るとき、右肩が内側へ入ってしまう癖があった。いまのままでは、外角にしかバットが出ず、内角を突かれると逆方向にしか打球を飛ばせない。そういう打ち方をしていてはせっかくのパワーがもったいないと、右方向へ引っ張るように教えたのだ。

「呑み込みは早かったです。一度教えたら、あとは細かいことを言う必要はなかった」

根尾はこうして、中学1年生の秋から主力として試合に出場するようになる。

野球とスキーの二刀流

しかし、冬が訪れ、雪が積もると、根尾は子供のころから親しんだスキーをやらないではいられなかった。飛騨高山ボーイズに入団するとき、12月から2月まではスキーだけに専念させてほしい、と代表の井上に頼み込んでいたほどである。その時期はグラウンドも使えなくて野球の練習どころではないから、井上にも森本にも異存はなかった。

おかげでスキーでも腕前を上げた根尾は、中学2年だった15年、男子回転の全国大会で優勝した。イタリアで行われた国際大会にも出場したほどだから、スキーでも一種の天才児だったと言っていいだろう。

それだけスキーに打ち込んで、何か野球の役に立った部分はあるのだろうか。この質問に、根尾はこう答えている。

「確かに、スキーが野球に生きているところはあると思います。とくに、体幹と下半身を鍛えられましたから。スキーって、滑ってるときに頭が落ちたり、バランスを崩したりすると、すぐ転倒しちゃうじゃないですか。そういう倒れそうなとき、しっかりと滑れる体勢を保てるようになったことが、野球にも生きているような気がします。たとえば、守備で体勢が悪い状態でゴロを捕りにいっても、途中で身体を立て直せたりだとか。そういうときに身体がブレないのが、スキーでついた力だと思うんですよ」

根尾の言うことを聞いていると、飛騨高山という雪国ならではの環境によって、センスと才能が磨かれたことがよくわかる。2歳からスキーに親しんでいなかったら、根尾がこれほどの総合力を持つ選手になっていたかどうかはわからない。根尾の場合、「二刀流」という言葉は投打だけではなく、野球とスキーの両立をも意味しているようだ。

そのうち、根尾は野球をやめて、スキーで世界を狙うらしい、という噂も流れた。が、根尾本人は苦笑いして首を振った。

「イタリアには行きましたけど、そのときの成績は全然、大したことありません。スキーは結局、中2まででやめてるんですよ。こうして野球を続けてますから、やっぱり野球が好きなんじゃないですかね」

こうして、根尾は中学生時代、日を追うごとに目覚ましい成長を見せる。父も練習試合で審判を務めたり、ベンチ入りしてスコアラーをしたり。スタンドで観戦しているときも、父と母が交代で根尾のプレーをビデオで撮影したりと、息子を熱心に後押ししていた。

根尾は中学2年生になると、チームの練習後に中学校のグラウンドへ戻り、父を相手に投げ込むことが増えた。恐らく、根尾はそのころから、チーム自体に物足りなさを感じていたに違いない。チームメートたちに比べると、自分の力があまりに突出していたため、なかなか全力でプレーできないことに歯痒い思いをしていたはずだ。

打撃では思い切りバットを振ることができても、投球となるとそうはいかない。受ける捕手の技量に合わせて、捕れるように投げてやる必要があるからだ。森本が言う。

「当時、根尾の球を受ける捕手は西川という子に決まってました。小学校から根尾の球を受けていて、スキーも一緒にやっていた仲のいい子です。でも、球が速くなるにつれて、根尾がだんだん、加減しながら投げるようになっていったんですよ」

根尾の球をもっとしっかり受けられる捕手なら、ほかにもいた。が、根尾は幼馴染みの西川に遠慮してか、自分からはそういうことを言い出さない。

「あの子は、周りに気を遣う性格なんです。ずっとエースで4番だったけど、お山の大将みたいなタイプじゃない」

そう語る森本は、このころ一度だけ、自分で根尾の球を受けたことがある。

「速かったですよ。すぐに怖くなって、その一度だけでやめました。社会人のころは岩瀬の球を受けてたんで、１５０キロぐらい出ていても平気でしたけど、やめてから10年以上経ってましたから」

しかし、その「怖かった」球ですら、根尾は恐らく手加減して投げていたに違いない。森本も社会人で29歳まで捕手をしていた経験者だから、投手が全力で投げていたかどうかぐらいは、聞かなくてもわかる。

それでも、根尾がチームメートに対して、不満を露《あらわ》にしたり、あからさまに見下した態度を取ったりしたことはなかった。試合では勝っていても負けていても、常に一番大きな声を出し、みんなを懸命に鼓舞していた。

「そういうところは立派でした。自分が活躍したいというより、チームとして勝ちたいという思いが強かったんでしょう。根尾本人の中では、いろいろ葛藤はあったでしょうが」

これから先、根尾が思う存分、全力で野球をやりたいのなら、レベルの高い強豪高校へ行くしかなかった。

プロも唸った走塁技術

根尾を獲得するため、最初に飛騨まで足を運んできたのは、横浜の慶應高校の関係者である。根尾がまだ中学2年生の春のことで、その熱心さ、というより気の早さには根尾の両親も森本もずいぶん驚いたという。

これは当時、根尾がスキーに進むという噂と同時に、将来は医者になるつもりではないか、という観測が流れたことと関係しているらしい。森本が言う。

「スキーをやるというのは、それこそ単なる噂でした。逆に、医者になるという話のほうが大きくなってましたね、地元でも。両親が医者だし、お姉さんは大学で看護師の勉強をしてるし、お兄さんも高校まで野球をやっていたけど、大学は医学部に入ったから」

根尾ほどの選手ではなかったにせよ、兄も高山市の岐阜県立斐太《ひだ》高校でエースを張っていたほどの実力の持ち主だった。高校3年生だった15年には、県大会準決勝でのちに福岡ソフトバンクホークスに入団する髙橋純平を擁する県立岐阜商業高校と対戦、髙橋との投げ合いは実現しなかったが、堂々たる完投勝ちを収めているほどだ。

それだけの実力がありながら、兄は進学先を地元の大学の医学部に絞り、ストレートで合格している。そうした家庭環境から、大学に医学部のある慶應高校としては、脈があると踏んだのかもしれない。

慶應高校の関係者はこう言っている。

「根尾くんがほしかったのは事実です。どこでもそうでしょうが、高校はどれだけ優秀な中学生を集められるかにかかっている。とはいえ、昔のように、野球さえできれば特待生扱いで入れる、という時代ではない。ウチにもスポーツ推薦の枠はありますけど、その枠で試験に受かってもらわないといけません。そこで合格できなかったら、野球部としてもどうしようもないんです。その点、根尾くんは学業も優秀で、オール5かそれに近い成績だったと聞いていました。ウチの試験も確実にクリアできただろうし、そういう意味でも来てもらいたかったんですが」

そんな慶應に続いて〝根尾詣《もう》で〟にやってきた強豪高校は十指に余る。地元の県岐阜商や大垣日本大学高校、愛知の愛知工業大学名電高校、東邦、中京大学附属中京高校、さらに関西からは智弁和歌山、報徳学園高校。もちろん、その中には、大阪桐蔭監督の西谷もいた。

森本に直接電話を寄越し、ぜひ本人と親御さんにお会いしたい、と頼み込んできた監督もいた。何度も甲子園に出場し、優勝経験もあって、高校球界では名将としてつとに知られる人物である。このときは根尾の両親が遠慮したため、森本の口から丁重に断らざるを得なかった。

中学3年生になった15年の夏、根尾は中学時代における絶頂期を迎える。

8月8日、愛知で開催された日本少年野球連盟主催の世界少年野球大会に、中日本選抜のメンバーとして出場を果たす。それから間を置かず、中日ドラゴンズなどが主催する中学硬式野球大会「中日ドラゴンズカップ２０１５」にも出場、同月15日の準々決勝に先発している。

この試合は、現在中日二軍の本拠地であるナゴヤ球場で行われた。根尾が登場すると、ちょうどトレーニングをするために来ていた岩瀬仁紀や川上憲伸ら中日の選手も、根尾を一目見ようと本部席に集まってきた。

選手たちと根尾の投球を見守っていた中日の少年野球担当、水谷啓昭はその球威に度肝を抜かれた。電光掲示板が146キロを表示したのはこの試合だ。水谷が振り返る。

「ナゴヤ球場のスピードガンは、ほかの球場よりも辛《から》いんです。146なんてプロの投手でも滅多に出せない。それを中3の子が出しちゃうんですから。その上、変化球のキレも抜群だった。根尾くんのスライダーは、並の中学生ではまず捕れませんよ」

根尾は投げるだけでなく、打っても走っても素晴らしいプレーを見せた。とくに長打を飛ばし、50m走6秒0の俊足で二塁、三塁へ駆け込む走塁の速さ、巧みさには、岩瀬や川上も驚いていた。のちの選抜大会で、全力疾走を見せたい、と根尾本人が強調した走塁も、当時からプロを唸《うな》らせるほどだったのだ。水谷が言う。

「バッティングは右中間、左中間の両方向に鋭い打球を飛ばせるんですよ。その上、一塁を回ってからの加速がすごい。ザーッと滑り込む姿がカッコよくてね。ああいうところは、スキーの効果もあるんだろうし、ボーイズでの指導がよかったんでしょうな」

飛騨高山ボーイズに入団した当初、打ち方を矯正した森本、冬のスキーを容認した井上の判断は正しかったわけだ。

それだけでは終わらない。8月下旬には、NOMOベースボールクラブを主宰する野茂英雄が総監督を務め、全国のボーイズリーグから選ばれるジュニアオールジャパンの一員としてアメリカ遠征にも参加した。アメリカのボーイズとの対戦をはじめ、メジャーリーグの試合を生で観戦できたことは、根尾の野球に対する情熱をいっそう掻《か》き立てたに違いない。

なぜ大阪桐蔭だったのか

このころにはすでに、何度も根尾の視察にやってくる西谷の姿が、東海地区のボーイズリーグでさえたいへんな評判になっていた。水谷が苦笑して振り返る。

「重要な試合となると、西谷さんを見ない日はなかったなあ。あっちでも見た、こっちにも来たという話もよく聞きましたよ。無論、根尾以外にも目をつけている選手はたくさんいたんでしょうけどね」

大阪から足を運ぶにはいささか遠いのではないか、と思われるところにも、西谷はたびたび現れた。きょうは珍しく西谷が来てないぞ、と水谷が思っていたら、代わりにコーチの石田寿也がいた、ということもあった。

もっとも、西谷自身はそうした評判を一笑に付している。

「みなさん、いろいろおっしゃっているようですが、それほどあちこちに顔を出しているわけではありません。私には学校でやらなければならない本業があるんですから」

とはいえ、西谷が根尾に惚れ込み、足繁く通っては自分の目で観察していたことは事実だ。根尾のどんなところをチェックしていたのかと尋ねると、西谷はこう答えた。

「一番はやはり、根尾の野球に取り組む姿勢ですね。身体能力は確かに秀でたものがありましたけど、野球の技術はまだ自分のものになっていなかった。中学生だから当然、いいときと悪いときでムラもあった。根尾には、そんな自分を自分で鍛え直そうとする姿勢が見られたんです。実際、練習はいつもチームで一番遅くまでやっていましたからね」

スキーをやっていたことはプラスになっているのか。西谷の見解はこうだ。

「そこは確かに、ずっと関西で野球をやっている子とは違います。体幹や下半身の強さはもちろん、全体的なバランスのよさが素晴らしい。根尾独自の個性ですよ」

加えて、リーダーシップも抜群だったと、西谷は強調する。

「ゲーム中はずっと大きな声を出して、選手のみんなを鼓舞している。ボーイズの指導者の方にもいろいろお話を聞き、彼なら間違いない、大阪桐蔭にとって大きな戦力になってくれるだろう、と判断したわけです」

このころ、森本は根尾と進路について話し合った。どこへ行くか決めたのか、と聞いた森本に、根尾は首を振って、まだ決めてないです、と答えている。そこで、森本は懇々と諭すように言った。

「おまえが高校へ行くんだったら、やっぱり一番レベルの高いところへ行ったほうがいいんじゃないか。ほかの選手もみんなレベルが高くて、チーム全体のレベルが高いところのほうがな。いまのボーイズでは、どうしてもおまえはちょっと遠慮するというか、自分の力をセーブしてる。そういうことをせずに、本当にレベルの高いところでやりたいと思うんだったら、大阪桐蔭が一番だろう」

そう根尾に話しているとき、森本の腹の内にはすでに、確信に似た思いがあった。この子は将来プロ野球選手になろうとしている。それなら、いま一番強い高校に行って、自分の力を伸ばすべきだ、と。

西谷は、大阪桐蔭の練習を見に来てもらえないか、と根尾と両親に持ちかけた。根尾は父と大阪桐蔭のグラウンドを訪ね、それから間もなく、西谷に入学の意思を伝えている。

森本はこう言った。

「たぶん、根尾は練習を見に行く前から、大阪桐蔭に決めていたと思います。私が行けと勧めたからでもなく、彼の心の中ではもっと早い段階から決まっていたんじゃないかな」

そういう思いが最初に芽生えたのは、大阪桐蔭が春夏連覇を達成した12年、その躍動感溢れる野球を目に焼き付けた小学6年生の夏だったかもしれない。

大阪桐蔭高校1年生となった16年夏、根尾は背番号18でベンチ入りを果たす。その後の活躍ぶりは、西谷、森本、それに両親の期待に十分応えるものだった。

1年秋の大阪府大会4回戦、大阪偕星学園高校戦に代打で出場し、左中間へ勝ち越しソロ本塁打を放って、これが公式戦初ヒット。同じ府大会の準々決勝、北野高校戦では投手として先発し、7回を無失点9奪三振という快投を披露した。さらに、近畿大会で初めて4番に抜擢され、ここでもホームランを打っている。

さすがに無理をしていたのか、このころ左太腿裏側に肉離れを起こしている。その傷が癒えたと聞いた17年1月、私は大阪桐蔭のグラウンドへ、足を運んでみた。

近鉄奈良線生駒駅から車で約20分、生駒山地の山間《やまあい》にあるグラウンドは、想像以上に人里離れた山奥のように感じられる。まだ小雪のちらつく中、一塁ベースのそばに立って根尾の打撃練習を見ていると、不意に彼が練習を中断し、可動式の防球ネットを私の目の前へ自分で押してきた。

「この場所だと、練習中に打球が飛んでくるかもしれません。危ないですから、ネットの向こう側で見ていてください」

初出場となる選抜大会を2ヵ月後に控え、練習に余念がない中で、しっかり周囲にも目配りしていたのだ。些細なことではあるが、こんな高校1年生はなかなかいない。

そして、2年生になった17年、真っ直ぐの最高速度は148キロに達していた。

センバツ優勝投手に

２０１７年の選抜大会、根尾がいよいよ甲子園のマウンドに立つ日がやってきた。先輩の藤浪晋太郎も激励と観戦に現れた3月27日、２回戦の静岡高校戦である。

初回に大阪桐蔭が大量6点を奪いながら、その裏に6点を取り返されて同点に追いつかれたこの試合、二回に勝ち越しの1点を献上して劣勢に回った。６－７とリードを許していた四回、根尾が試合中に初めて三塁側ブルペンに向かう。得点圏に走者を進めた六回、ふたたび投球練習を再開した。

逆転したら根尾。西谷が描いている青写真を、４万１０００人の観衆も読み取っていたに違いない。

その逆転の口火を切ったのは、ほかならぬ根尾自身だった。６－８と2点をリードされていた八回、先頭の根尾がレフト前ヒットで出塁する。続く山田健太がレフトへヒットを打つと、左翼手の追い方を見ていけると判断したのか、根尾は二塁を回って猛然と加速、勢いよく三塁へ滑り込んだ。

ナゴヤ球場で中日の水谷や選手を驚かせた果敢な走塁は、よりスピードを増していた。ここで左翼手がエラーした隙に、根尾がすかさず本塁を陥れ、1点差まで追い上げる。さらに長短打と盗塁をからめて計3点を奪い、試合を引っ繰り返した。まさに根尾の全力疾走が呼び込んだ逆転劇だった。

そして、八回裏、根尾が満を持してマウンドに上がった。西谷によれば、このときの根尾は顔に覇気を漲《みなぎ》らせて、「任せてください」と言わんばかりの目をしていたという。

しかし、あまりに整い過ぎたお膳立てに、根尾はかえって力んだらしい。直球は146キロを計測したものの制球が定まらず、ワンアウトから四球とレフト前ヒットで一・二塁とされている。ここはどうにか次打者を三振ゲッツーに仕留めて切り抜けたが。

最後の九回は落ち着きを取り戻したのか、三者凡退でゲームセット。上出来の内容とは言えなかったものの、ファンは新たなスター誕生の気配を感じ取ったはずだ。

試合後、根尾はこう振り返った。

「肩に力が入ってしまって、自分がやりたいことがまるでできませんでした。同じ甲子園での練習ではうまくいったんですけど、試合では全然感じが違った。甲子園のマウンドというのは、不思議なところです」

この選抜大会で、大阪桐蔭は見事に優勝を果たしている。決勝戦を締《し》め括《くく》る最後のマウンドに上がったのも、やはり根尾だった。

ただし、このときも上々の投球だったとは言えない。地元のライバル、履正社を相手に8－3

と5点をリードしていた九回、四球2個でワンアウト一・二塁のピンチを招いている。試合後はまた反省の弁が口を突いた。

「まだまだ、できないことが多いということがわかりました。夏はすべてにおいてレベルアップしなければいけません」

初めてのサヨナラ負け

根尾の言う「レベルアップ」は、必ずしも順調に進んでいない。

２０１７年夏の大阪府大会が始まったころには一向に打撃の調子が上がらず、背番号も7から10へ変更されている。スタメンを外されたこともあった。根尾が振り返る。

「あのころは、何て言うか、バッティングを難しく考え過ぎていたようです。タイミングの取り方も、選抜は上半身主導で、先に上体が動いてから下半身が動いていた。それを、下半身から上半身へという流れでタイミングを取る打ち方に変えたんです。たぶん、それがよかったんだと思う」

フォームを修正したおかげでヒットが出るようになり、府大会で13打数5安打、打率3割8分5厘を記録、打点も5を挙げて勝負強さを取り戻したかに見えた。こうして大阪桐蔭が優勝し、甲子園に出場すると、西谷は2回戦の智弁和歌山戦で初めて根尾に4番を任せる。

初回、ツーアウト三塁のチャンスで回ってきた最初の打席で、根尾はセンター前ヒットで先制点をたたき出した。春の選抜の最初の打席で初安打初打点を記録したように、夏の選手権では4番としての初打席で初安打初打点を野球人生に刻みつけたのである。

しかし、この夏は結局、3回戦で仙台育英学園高校に敗れた。根尾はブルペンで準備しながら、一度もマウンドに立てずに終わっている。

それは根尾にとって、これまでの野球人生で一番悔しい負け方だっただろう。

1－0と1点リードして迎えた九回、ツーアウト走者無しから2年生の柿木蓮《かきぎれん》がヒットと四球で一・二塁とされる。続く打者を平凡なショートゴロに打ち取り、泉口友汰《いずぐちゆうた》がファーストの中川卓也に送球してゲームセット、となったかに思われた。NHKの中継アナウンサーも、「スリーアウト！　試合終了！」と一度は言った。

ところが、一塁ベースについているはずの中川の右足が、ベースから離れていた。記録上、一塁手の失策となり、ツーアウト満塁。アルプス席の応援団だけでなく、ネット裏の観衆まで声をあげてタオルを振り回し、仙台育英を後押しする異様な雰囲気の中、試合が再開される。伝令の加藤大貴《たいき》が走ってきて、バッテリーと内野手を励ました。

「ここは全員で粘っていこう！　全員で乗り越えるんだ！」

七回の守備でセンターからサードへ回っていた根尾も、マウンドで加藤の声にうなずいている。投手の柿木も、ファーストの中川も同じ2年生だ。七回の攻撃の最中には、根尾自らブルペンで肩もつくっている。勝つためなら何でもするつもりだった。

次打者に投じた柿木の2球目、137キロの真っ直ぐが高めに浮いた。金属音とともに飛んだ打球がセンターの藤原の頭上を大きく越える。仙台育英の走者が相次いでホームへ帰ってきた。逆転だ。あとアウトひとつで、大阪桐蔭は敗れた。甲子園出場通算64試合目にして、初めてのサヨナラ負けだった。

涙を浮かべて、根尾は言葉を絞り出した。

「自分は何回からでも、柿木のあとに投げるつもりでいました。もう少し先輩たちと野球がやりたかったです」

スター扱いへの懸念

これからも二刀流でいくのか、どちらかに絞るのか。根尾はこう言っている。

「好きなポジションは全部ですね。どこでもできますから、どこでもやりたいです」

西谷は、根尾が過剰にスター扱いされることへの懸念を口にしていた。とくにスーパー中学生、スーパー1年生、スーパー2年生と頭に「スーパー」の4文字をつけて語られることに。

「根尾だけがスーパー、スーパーともてはやされていることには違和感を感じています。実際は、根尾にもこれから修正しないといけないところがたくさんある。根尾に勘違いをされては困るし、ウチには彼より優れた選手も大勢いるんですから」

では、「スーパー」という呼び名を、根尾自身はどう思っているのか。

「そう言われるのはうれしいですけど、まだ結果を伴ってないんで、そんなに特別な意識はないですね。まだまだ、やっていかなきゃいけないことが多いものですから」

根尾がこれからも「スーパー」であり続けられるかどうかは、まだわからない。プロの世界で「スーパー」になろうとすれば、超えなければならない先輩はあまりに多く、立ち塞がるハードルもまたとてつもなく高い。

西谷はこう言った。

「根尾に4番がどうこうは関係ありません。彼なら動揺することなく、どの打順でも自分の打撃をしようとするし、またそういう打撃ができる選手ですから。ただ、これからは3年生になるし、もっともっと勉強しなければならないことがあります」

そう言う西谷はいまも、全国で有望な中学生を探している。私がインタビューしたときも、この本の取材でほかにどういう中学生に会ったのかと聞いてきた。私が根尾の前に会った東海地区のボーイズの選手の名を挙げると、西谷は大きくうなずいて言った。

「ああ、彼はウチもほしかったんです。残念ながら、ご縁がありませんでした」

17年春、愛知の東邦高校に入った石川昂弥《たかや》である。根尾と同じく野茂ジャパンのメンバーに選ばれ、高校球界では早くも大型内野手として注目を集めていた。

第2章　知多半島のライバル物語
石川昂弥と稲生賢二

稲生賢二（中央・左）と石川昂弥（同・右）

巨人・坂本クラスの逸材

東邦は愛知の高校球界において、中京大学附属中京高校、愛知工業大学名電高校、享栄高校と並ぶ「愛知私学4強」と呼ばれる強豪校のひとつだ。毎年、地元はもちろん他府県からも優秀な中学生が集まる中、1年生の夏に2、3年生を差し置いてレギュラーを取る可能性があるということは、石川昂弥《たかや》がそれだけ類《たぐ》い希《まれ》な逸材であることを意味する。

中日ドラゴンズで少年野球を担当している水谷啓昭は、東邦のOBでもある。その水谷も、2016年12月、石川をこのように評価していた。

「リストが強くて、スイングが鋭い。投手としてもいい肩をしていて、球威とキレのある直球を持っている。プロへ入るのなら、内野手一本でいけば、いまの巨人の坂本（勇人《はやと》）クラスになれるでしょう。東邦で1年生からレギュラーになれるだけの力だったら、十分に持っていますよ」

水谷の言葉が決して身びいきばかりでないことは、翌17年3月、選抜大会で優勝した大阪桐蔭高校の西谷浩一監督が、石川を熱心に勧誘していた事実からも明らかだ。有望な中学生を見極め、スカウトする手腕にかけて人後に落ちない西谷が獲得しようとしていたくらいだから、全国に名だたる甲子園の常連校からも目をつけられていたに違いない。

私が初めて石川を見たのは、半田市立亀崎中学校の卒業と東邦への進学を控えた17年1月だった。知多《ちた》市の東海チャレンジャーボーイズを訪ねて、4番を打つ稲生賢二《いのうけんじ》という選手の取材をしたあと、愛知知多ボーイズの石川ならきょう近くの半田市のグラウンドで練習している、と稲生の父親に聞かされたのだ。

稲生の父親によれば、稲生と石川とは家族ぐるみのつきあいで、石川を指導しているのは稲生が小学生時代に野球を教えてもらった人物でもあるという。せっかくだからそちらの取材にも行ったらどうか。そう父親に勧められ、彼の運転する車に乗せてもらい、半田市に向かった。

東海チャレンジャーが練習場にしているIHI（旧石川島播磨重工業）のグラウンドから、石川が練習している半田市の半田北部グラウンドまでは、車で30分とかからない。道中、目の前には長閑《のどか》な田園地帯が広がり、戸建ての民家が適当な距離を置いて点在している。根尾昂《あきら》の育った飛騨高山と同様、知多市や半田市も子供にスポーツをさせながら育てるには理想的な環境のように思えた。

稲生の父親の車で到着したところは運動公園で、陸上トラック、テニスコート、フットサルのグラウンドなどが併設されている。ちょうど週末の土曜とあって、地域の様々なスポーツイベントが行われていた。そんなにぎやかな公園の小高い丘を上っていくと、頂にこぢんまりした球場があって、石川はほかの選手と一緒にノックを受けている最中だった。

スリムでしなやかな身体が土のグラウンド上で躍動している。ショートのポジションでゴロを捕り、一塁に送球する柔らかで流れるような動きが、非凡なセンスを感じさせた。一言で言うなら、雰囲気があった。

その石川に交代でノックをしていたのが、稲生が小学生時代に指導を受け、現在は知多リトルシニアでコーチをしている伊東善司である。そして、もうひとりのノッカー、伊東よりも大柄な人物が、46歳になる石川の父・尋貴だった。石川の父親らしく181センチの長身で、年齢相応の厚みもあり、見るからにがっちりしている。

尋貴自身、小学4年生から野球を始めて、高校時代はやはり東邦で捕手をやっていた。のちに中日に入団した左腕エースの山田喜久夫《きくお》ら、1989年の選抜大会決勝戦で劇的な逆転サヨナラ勝ちを飾り、全国制覇したメンバーの同期生である。

当時の監督は口も出せば手も出し、「鬼の阪口」と恐れられた阪口慶三《さかぐちけいぞう》だ。その下で3年間頑張ったが、結局ベンチ入りも叶わず、甲子園ではアルプス席で応援に声を嗄《か》らしていた。尋貴が苦笑して言う。

「あのころの思い出と言ったら、辛いことばっかり。それしかないです」

妻の由香子も東邦の生徒で、尋貴の1学年後輩だった。尋貴が3年生の夏を終えて引退したあと、交際を始めたという。

「野球は大学でも続けとったんですが、結局途中でやめました。これ以上やってもダメだろう、先はないと悟ったということです」

大学卒業後、愛知県の大手自動車販売会社に就職し、由香子と結婚した。やがて、01年６月に長男の昂弥が生まれると、尋貴はすぐ野球のボールを触らせる。ほかのスポーツをやらせることは考えもしなかった。どこまで伸びるかはわからないが、やれるところまでやらせてみよう、と思った。

石川が保育園に入ったころ、愛知県が催している年長組を対象にした野球教室にも通わせた。遊びの延長で、幼児用のゴムボールを打ったり投げたりするだけの教室だが、こうした小さな積み重ねが、基本的な野球の動きを覚えさせるのに役立った。

地元で一番厳しいチーム

小学２年になると、尋貴はあえて地元でも一番厳しいチーム、ツースリー大府《おおぶ》に石川を入れた。監督の下村勉は東邦ＯＢで、尋貴の10年以上先輩である。自分と同様、阪口監督に徹底的にしごかれた世代の指導者で、土日や祝日は一日中、日が暮れるまで試合か練習を行う。子供を語気荒く叱り飛ばすことも珍しくなかった。とりわけ、ミスをしたときの怒りようが凄まじい。

そんなところに息子を入れても大丈夫か、尋貴は当初、迷ったという。

尋貴自身、かつては厳しい練習が好きではなく、楽しんで野球をやりたいタイプの子供だった。阪口監督時代の東邦で徹底的にしごかれていたころは、嫌気が差し、やめてしまおうかと考えた時期もある。いまの少年野球は昔ほど厳しくはないにせよ、昂弥は大なり小なり、尋貴の性格を受け継いでいる。ここで、もう嫌だ、野球はやりたくない、と言い出されたらどうしようか。

そこまで悩みながら、なぜツースリー大府に入れたのか。尋貴はこう言った。

「どっちみち、野球をやるならもう本格的にやったほうがいいと考えたんです。甲子園を目指すとか、東京へ行ってやるとか。まあ、プロまでは具体的には頭になかったですが、ただ、遠い目標としてはあった。だったら、最初から厳しいところでやったほうがいい。のちのちのためにも、そう思いました」

練習のある日は、自宅からグラウンドまで車で15分程度の道程を、尋貴と由香子が交代で送り迎えをした。仕事が休みの日は、尋貴自らコーチとして指導にも当たっている。

そんな親の思いを受けて練習に励んだ石川は、すぐエース兼内野手として活躍するようになった。辛くはなかったのか。ストレートに尋ねると、石川はこう答えた。

「辛かったですね。小学校のときが一番辛かった。あとで入った中学の知多ボーイズより厳しかったかもしれないです。コーチとか、いつもふつうに怖いし。嫌になったりもしたけど、それでも、何とかやってました」

そう語る石川の表情は意外に明るく、あっけらかんとしている。幼少期からスポーツに打ち込んできた子供に見え隠れする心の傷跡がほとんどうかがえない。ひょっとすると、打たれ強いタイプなのか。

「たぶん、そうですね。楽しいのは打ってるとき。どうやって打つとか、あまり考えないようにやってます。どこのポジションをやりたいとかもなかったし」

親や指導者に言われるまま、見よう見まねでやってみたら何でもできてしまう。小学生時代の石川はそういうタイプの天才児だったらしい。ほかの子供と比べると、下村に怒られることも少なかったのではないか。

憧れている選手は、打撃で北海道日本ハムファイターズの大谷翔平、守備で福岡ソフトバンクホークスの今宮健太。将来入団したい球団は、入ればどこでもいい。ただ、好きなチームはあり、ソフトバンクと千葉ロッテマリーンズ。地元の中日、盟主の巨人の名前は出てこなかった。一口に言えば、いまどきの野球少年である。

ちなみに、石川の４歳年下の弟、小学６年生の瑛貴もツースリー大府に入団した。ポジションは父と同じ捕手だ。一緒に石川の練習を見ているとき、練習はどんな感じかと私が聞いたら、兄そっくりのケロリとした口調でこう答えた。

「厳しいです」

卓越した状況分析のセンス

石川はこうしてメキメキと力をつけ、飛騨高山ボーイズにいた根尾昂と同じように、小学6年生で中日が主宰するドラゴンズジュニアのメンバーに選ばれた。このころから早くも、尋貴は東邦の先輩や同級生から、「昂弥は中学を卒業したら東邦に入れるんだろうな」と言われるようになる。

愛知知多ボーイズに入ってからも、石川はたちまちエース兼内野手で主力となる。が、ツースリー大府に比べると、いまひとつ練習量が少ないのが尋貴には不満だった。

「正直、ちょっと緩い気がしましたね。ランニングひとつ取っても、えっ、こんなもんで終わりなの、という感じで」

そこで、尋貴はふだんのボーイズの練習の傍《かたわ》ら、「野球道場メジャー」という野球塾に石川を通わせ始めた。知多市と愛知郡東郷町に室内練習場を持ち、内部には打撃マシンが4台、ブルペンが1ヵ所と、強豪高校並みの施設を誇る本格的な「道場」である。

この塾を経営する戸田幸男も東邦OBで、甲子園に2度出場した経験を持つ。彼とともに指導に当たっているコーチもやはり、東邦OBだ。父の尋貴、ツースリー大府の下村、中日の水谷に加えて、また東邦OBの指導者が石川の周囲に加わったことになる。

初めて見た石川の印象を、戸田が語る。

「最初にパッと見たとき、ああ、この子ならプロに行ける、と思いました。打撃はホームランも打てるし、逆方向へも打てる。守備も球際に強い。捕ってから送球するまでがちょっと遅いんだけど、それは高校へ行って毎日ノックを受ければ自然と上達しますから」

そうした環境の中で、石川はますます力を伸ばした。中学時代の野球生活で最大のハイライトは、中学3年生だった2016年、野茂ジャパンのメンバーに選ばれたことだろう。尋貴にとっては、青天の霹靂《へきれき》だった。

「思ってもみなかったですよ。たぶん、ボーイズの中日本支部とか、上のほうでメンバーを選んでるんでしょうけど、突然、知多ボー（愛知知多ボーイズ）に連絡がありまして、ぜひ行ってくれ、親のぶんは旅費が出ないんで、そっちは借金してでも行け、とね」

8月20日から1週間のアメリカ遠征に参加し、サンディエゴ・パドレスの本拠地ペトコパークでアメリカのボーイズのチームと親善試合を行った。石川の背番号は16だったが、3番で2試合、4番と2番で1試合ずつ、4試合すべてにスタメン出場している。打棒も冴え渡り、チームで一番の活躍を見せる。

同行した母の由香子は、観戦しながら感激していた。こういうとき、うれしくない親はいないだろう。

もっとも、当の石川の感想は意外に冷静である。

「アメリカの球場はやりづらかったですね。内野が芝で、土のところがすごく硬いんですよ。守っていると、芝の上では緩い打球が、土の上に来た瞬間、急にサッと手元にくる。それが、捕りにくかったです」

常に客観的に状況を分析して、即座にどう対応するべきかを考えられる。こういう能力も、石川の持つセンスのひとつなのだろう。こうしてますます評価が高まるにつれ、石川の周辺では「高校はやはり父親と同じ東邦へ」という声が強まっていった。

どこの地域でも、ボーイズリーグやリトルシニアは高校へ選手を供給する役割を担っている。そうした高校のOBが長じてボーイズやシニアの指導者に就任し、自分の出身校に中学生を紹介するようになるケースも多い。

愛知県の場合は、愛知私学4強と呼ばれる高校のそれぞれに、強固な関係を築いているチームがある。そんな強豪校の息がかかったチームの中学生が、まったくつながりのなかった別の強豪校に進学したりすると、これはただごとではない、誰が動いたのか、人脈図が変わったのかと、中学と高校双方の球界でひとしきり噂になったりもする。

石川の場合は、最初から父の意思を継ぎ、父と同じ東邦で甲子園を目指すべく運命づけられていたのかもしれない。尋貴が言う。

「東邦以外の高校へ行く選択肢も、あることはありました。でも、県外だと実際のチーム事情などはよくわかりません。東邦ならぼくも嫁さんもすぐ試合を見に行けるし、環境もチーム状態もよくわかりますからね。正直、県外の高校より早くレギュラーになれるチャンスもあるだろう、と考えたんです」

「挫折を知らない」

有り余る才能に恵まれ、前途洋々に見える石川にも、不安がないわけではない。ひとつは、縦に背が伸びても横に太くならないことだと、中日の水谷が指摘する。

「高校に入るぐらいの年齢になれば、もっと腰回りや尻のあたりに筋肉がつかないといけない。スリムなのもいいけれど、細いままでは故障につながる。高校に入ったらご飯や肉をいっぱい食べて、そのぶん走り込みもしっかりやって、足腰を鍛える必要がある」

石川の食が細いのは確かだ。母の由香子にとっても、それが悩みの種だった。

「三食はちゃんと食べるんですけど、いつも量が少ないんです。ご飯のおかわりもそんなにしないし、焼き肉も得意じゃない。脂っこいものが苦手なんですね。主人と弟のほうは、全然平気で、よく食べるんですが」

ちなみに、石川が目標にしている日本ハムの大谷翔平も、中学までは棒のように痩《や》せていた。

花巻東高校では佐々木洋《ひろし》監督が1食につき丼飯3杯の食事を義務づけ、遠征先で仕出し弁当が配られると、余ったぶんまで大谷に食べさせていた時期がある。

在学中に投手としての最高速度160キロを目指していた大谷と佐々木にとって、毎日の食事と増量は避けて通れない重要な課題でもあった。大谷に当時のことを聞くと、練習よりも食事のほうが辛かったと話していたほどだ。

さらに、もうひとつの弱点として、水谷は石川の性格を挙げた。打てそうな球が来たと見ると、飛びつくようにバットを出して凡退することが少なくない、と言うのだ。

たとえば、16年のボーイズリーグの府県選抜大会で、愛知県西選抜チームで出場したときのことだ。京都府との試合で、2点リードされていた九回、ワンアウト一・二塁で打席に入った石川は、カウント3－0から簡単にサードゴロ併殺打に打ち取られている。自分のバットで逆転勝ちできるチャンスを無造作な打撃で潰し、あっけなく試合を終わらせてしまった。そう水谷の目には映った。

「相手投手はアップアップで、もう明らかに石川を恐れてるんですよ。彼の評判なら京都の選手もみんな知っていますから。だから、どっしり構えてボールを見ていくとか、ファウルで粘るとか、相手投手を見下ろしていけばいいのに、そういう意識を持てない。簡単に打って出て、注文通りに仕留められちゃう。そういう脆《もろ》さがあるんだなあ」

水谷の話を石川本人に伝えると、きょとんとした表情でこう答えた。

「あのときの球、真ん中ですよ」

苦笑いして、尋貴が言う。

「昂弥はまだ、挫折を知らないんです。中学時代までは、生まれながらの素質と身体で、中心選手としてやってこられました。これという壁にぶつかったことがない。親としては、それが一番の不安でもある。東邦では競争も激しいし、いままでのようにはいかない場面にも出くわすでしょう。そういう壁にぶつかったら、水谷さんの言う弱い部分も変わるんじゃないかと思うんですけどね」

これまでに苦しんだ経験はないか、野球の難しさを実感したことはないか。石川本人に聞くと、こう即答された。

「あまりないです」

早く壁にぶつかってほしい。努力して壁を乗り越える経験をしてほしい。そうしなければ、プロでやっていけるだけの本当の力は身につかない。尋貴に取材を重ねている間、彼は何度もそう繰り返した。

息子を自分の目の届く学校に通わせ、のびのびと野球をやり、一日も早くレギュラーをつかんでほしいと願う半面、将来のためには若くして挫折を体験し、悔しさを味わって、そこから這《は》い上がる努力をすることも必要だと考える。父親としての葛藤は尽きない。

では、その石川を預かった東邦監督、森田泰弘《やすひろ》はどのように育てていこうと考えているのか。愛知郡東郷町にある東郷グラウンドを訪ね、練習を見ながら話を聞いた。17年5月の時点で、森田はこう言っている。

「石川は今年の夏は使えません。もちろん、秋はレギュラーですけどね。高校野球のスピードに対応するにはもう少し時間がかかる。ミスも多いし、覚えなきゃいかんこともありますから。ポジションも、ショートとしてはどうかな。これから試していきませんとね」

尋貴があえて求めた壁が、さっそく石川の前に立《た》ち塞《ふさ》がったようだ。この森田は、尋貴が東邦の野球部員だった約30年前、阪口監督の下でコーチを務めていた人物である。

「ぼくが教えられていた昔に比べると、ずいぶん優しくなられましたよ、森田先生も」

そう尋貴は言うが、練習に厳しさが欠かせないことはいまも昔も変わらない。早くから試練を与えることの大切さなら、森田もよく承知しているはずだ。

石川の食が細いことについても、いち早く手を打っていた。5月から名古屋市内のマンションに下宿させることにしたのだ。

「4階の3DKに、3年生3人と一緒に下宿させています。そのマンションの1階で、私の家内が焼き肉屋をやってるんですよ。朝晩のご飯は、その店で食べさせてます」

その焼き肉屋へ私が尋貴と足を運ぶと、ちょうど石川が晩ご飯を食べている時間だった。テーブルに並べられたメニューは、大盛りの冷麵とオムライスである。毎日これだけ食べていれば、近いうちに水谷の望む逞《たくま》しい身体に変わるかもしれない。

「石川には、みなさんが見て、ワクワクするような選手になってほしい。なってほしいというより、したいですね。タイプは違いますけど、早実の清宮（幸太郎）くんのように、実力の伴った本物のスターになって、うちを引っ張っていってもらいたい」

そう語っていた森田の期待通り、レギュラーとなった石川は、17年秋の愛知大会で目覚ましい活躍を見せた。

対照的なライバル・稲生賢二

石川には、夏の甲子園大会出場をかけて、愛知県大会で対戦したい同い年のライバルがいる。それが、ほかならぬ稲生賢二だ。私を初めて石川に引き合わせてくれた稲生の息子である。ボーイズ時代の対戦を振り返って、その石川はこう言っていた。

「一番必死になってやったのが、賢二のいる東海チャレンジャーとの試合です」

対戦成績を聞くと、こう答えた。

「全部、勝ってます」

そんな好敵手の向こうを張るかのように、2017年4月、稲生は愛知私学4強のひとつ、愛工大名電に進学した。こちらは石川より一足早く、1年生夏の愛知県大会から3番・レフトでスタメンに名を連ね、甲子園を目指して連日勝負強い打撃を発揮している。準々決勝で中京大中京に敗れたが、2年生や3年生の投手に気後れせず、果敢に打って出る姿が、地元のマスコミに「スーパー1年生」ともてはやされるようになった。

173センチ、71キロ、右投げ左打ちで、実力は中学時代から折り紙付きだった。小柄ながら攻守にわたって闘志を前面に出すスタイルは、恵まれた体格とセンスでプレーする石川とはあらゆる面で対照的だ。

稲生と石川は小学6年生のころ、ドラゴンズジュニアのメンバーになって知り合った。ポジションは稲生が外野で石川が内野、性格やプレースタイルもまるで違うところがかえってよかったのか、互いに興味を持ち、たちまちしょっちゅう一緒に遊ぶ仲になる。まだ10代とあってか、ふだんはほとんど野球の話はしないそうだが。

どちらも半田市で暮らしていて、JR武豊《たけとよ》線ならほぼ一駅、稲生や石川の足なら自転車で行けるほどの距離に家がある。稲生の父・悟は石川の父・尋貴と同い年で、1歳年下の稲生の母・悦子も石川の母・由香子と同い年と、奇遇にも親同士の年齢もすべて一致していた。息子の野球が縁で知り合った悟と尋貴もまた、自主練習や練習試合を協力して企画しては、息子たちの練習を手伝い、ともに汗を流す間柄になった。

ただし、悟には尋貴のような野球の経験はない。高校では陸上部で短距離の選手をしていたが、この地域の高校では速いほうだったという程度で、野球やスポーツとは縁のない一般企業のサラリーマンをしている。

悟も悦子も半田市の出身で、悟が大学２年生のころに知り合った。悦子のほうは小学校から高校まで部活でバスケットボールをしていたものの、こちらもそれほど本格的に打ち込んでいたほどではないという。石川の親とは違い、決してスポーツをさせることに熱心ではなかった。

ところが、結婚して最初に生まれた長男、稲生の兄・達也が図らずも、小学生で始めた野球にのめり込む。かつて読売ジャイアンツの槙原寛己、阪神タイガースの赤星憲広らを輩出した大府高校に入学し、２年生で４番を任されていたほどだ。中部大学に進んでからも野球を続け、控えながらも１年生で試合に出場、２年の４月にはスタメンに名を連ね、本塁打も打っている。それなりの力と素質を持った学生と見ていい。

４歳下の稲生が野球を始めた理由も、その兄の影響だった。半田市立乙川《おっかわ》小学校の２年生だった09年、兄のいた乙川クラブの門をたたく。最初は投手をしていたが、コントロールが安定せず、肘を痛めたこともあって、小学６年生の秋から外野手に回った。ただ単に仕方なく転向したわけではなく、稲生なりの目的があったという。

「自分はそのころから、ドラゴンズジュニアに入りたかったんです。でも、ピッチャーでは全然ダメで、ショートをやろうとしたら、そこにも自分よりもっとうまい選手がいました。ドラゴンズジュニアに入るには、ピッチャーでも内野でもダメってなって、外野をやるようになったんです」

稲生の野球人生は、いきなり壁にぶつかることから始まったのだ。小さいころから呑み込みが早く、何をやらせても器用にこなせた挫折知らずの石川とは、スタートのときから非常に対照的だった。

そんな稲生を励ましていたのが当時の乙川クラブの監督・伊東善司である。私が初めて半田北部グラウンドで石川を見たとき、尋貴と交代でノックをしていた知多リトルシニアのコーチだ。伊東も石川や稲生と同様、半田市の出身で、ふたりとその親とは長年のつきあいを続けている。

小学生のころ、伊東に何を教わったのか。そう聞くと、稲生は力強い声でこう答えた。

「謙虚に努力、という言葉です。要は、天狗にならず、謙虚に努力する姿勢を大事にしなさい、ということ。これをずっと言われてたんで、いまでも忘れてません」

その言葉にどんな思いを込めたのか、伊東のほうに確かめてみた。

「決して驕《おご》るな、天狗になるな、ということです。一所懸命練習すれば、ヒットが打てるようになるし、ホームランだって出るようになる。でも、そこでいい気になったりしてはいけない。常に一歩控えて、たまたま打てただけかもしれない、もっともっと練習を重ねよう、という姿勢でいなさい、と。それが、謙虚に努力する、ということなんですよ」

野球だけに限らない。学校の勉強やふだんの生活でも、謙虚に努力することを忘れるなと、伊東は稲生に言い聞かせた。

この「謙虚に努力」はもともと、伊東自身が高校時代に教わった言葉だ。伊東の母校は「愛知私学4強」のもうひとつの雄・享栄である。ここで、春夏各4度、通算8度の甲子園出場を誇る監督・柴垣旭延《しばがきあきのぶ》の口癖が「謙虚に努力」だった。

愛知県を中心とした東海地区ではこのように、至るところで「愛知私学4強」の人脈が重なり、複雑に絡んで、互いに影響し合っている。石川と同じく稲生もまた、この土地が育んだ野球少年と言えるかもしれない。

当時から、稲生の打撃には大人の目を見張らせるものがあった。伊東が言う。

「小学生を教えるようになって、15年か16年たちますけど、その中では間違いなく5本の指に入ります。とくに、打球の飛距離は群を抜いてましたね。小学6年生で80メートルは飛ばしてたんじゃないかな。ワンバン、ツーバンで外野のフェンスに当たるほどだった」

細かな欠点はいくつかあった。そのときの状態を見て、「前へ突っ込むな」「バットが下から出ているぞ」と助言したことはある。ただ、基本的には楽しくのびのびと、稲生の打ちたいように打たせていた。

「打てる子はへたに触らないほうがいい、というのがぼくの考えなんです。打てない子は打てるようにしなきゃいけませんけどね」

こうして稲生は念願のドラゴンズジュニア入りを果たす。そこで、一番の親友となり、ライバルとなるだろう石川に出会った。が、半田市立乙川中学校に進学すると、その石川が入った愛知知多ボーイズとは別のチームを選択する。それが、東海チャレンジャーボーイズだった。

毎日200スイング

稲生は小学校を卒業する前から、野球選手として成長するためにはどんなチームを選べばいいか、自分なりに考え始めていた。

ドラゴンズジュニアに選ばれなかったら、中学校の軟式野球部に入り、自分のレベルに応じた野球をする選択肢もあった。が、ドラゴンズジュニアで自信が芽生えたからには、もっとレベルの高いボーイズリーグのチームに入りたい。そう思っていると、「高校で甲子園を目指すのなら東海チャレンジャーがいいぞ」と兄に助言されたのだ。

稲生が言う。

「自分は、小学校4、5年のころから、高校へ行くなら、(愛工大)名電に行きたいと思ってたんです。そのころは、よく甲子園に出場してましたから。名電には東海チャレンジャーから行ってる選手が多いんで、ここにしよう、と思いました」

東海チャレンジャーは甲子園で活躍した高校球児のみならず、プロ野球選手も輩出した地元のボーイズきっての名門である。最大の成功例のひとりが、中日の主力として活躍している大島洋平だ。同じ中日の元投手で、少年野球を担当している水谷が自分の子供を東海チャレンジャーに入団させていたことからも、指導力には定評のあるチームだとわかる。

さらに稲生にとって幸運だったのは、東海チャレンジャー監督の杉浦浩が享栄ＯＢであり、乙川クラブ監督の伊東の先輩だったことだ。しかも、ふたりとも本職が看護師で、同じ半田市内の病院に勤務している。つまり、稲生についてふだんから頻繁に情報交換できる間柄だった。稲生も両親もそうしたつながりなど何も知らなかったが、意図せずして小中一貫の指導が受けられるチームを選択したわけである。

東海チャレンジャーに入団して間もなく、稲生は中学生のレベルの高さを痛感した。

「初めは速い球が打てなかった。小学校では一打席一打席、トップの位置がバラバラで、それでも打てたんです。でも、中学では速い球に差し込まれて、全然打てませんでした」

小学生で入った乙川クラブに続いて、この東海チャレンジャーでもさっそく壁にぶつかったのだ。もがいている稲生に、杉浦は長打の打ち方を指導した。

「小学生まで自由に打っていたせいか、最初は力任せに振り回してばかりだったんです。そういう打ち方だと外の球をレフトや左中間には打てても、内角の速い球を引っ張ることができない。ライト方向には強い打球がいきません。稲生にはインコースの球をしっかりと捉えて、グーンと伸びた打球がライトオーバーするバッティングをさせたかった。それが、左バッターの打撃の醍醐味でもありますから。だから、とにかくそういう練習を徹底的にやらせました」

内角の速球をしっかり弾き返すにはパワーも必要だった。とくに、もっと下半身に筋肉をつけ、足腰を鍛えなければならない。

家での食事は和食が中心で、稲生は朝晩、必ず飯を丼2杯以上おかわりした。走り込みは毎日6〜7キロ。素振りは家に帰ってからも欠かさず、庭で毎日100から200スイング。稲生が言う。

「だんだんいい感じになってきたところで、最後に力を入れて30回ぐらい振って終わる。そういう練習をずっと続けています」

親のほうから、ああしろ、こうしろと言ったりしたことはない。母の悦子が言う。

「私たちがそばで練習を見ることもほとんどなかったですね。夜、庭からブンッ、ブンッて音が聞こえてくると、ああ、きょうもやってるんだなあ、と思うぐらいで」

こうして長打を飛ばす力をつけた稲生は、巧みに反対方向へおっつける技術にも磨きをかけた。状況に応じて走者を進め、点を取るチーム打撃ができる半面、ここぞという勝負どころで右翼フェンスを越える本塁打を放つのだ。さらに、腕を上げるにつれて、左翼への一発も飛び出すようになった。

そんな稲生を、中学2年生でレギュラー、3年生で4番兼主将と、杉浦は段階を踏んで中心選手に育ててゆく。そのころには、広角打法の高度な技術に加え、誰もが認める強力なリーダーシップをも兼ね備えた選手に成長していた。水谷が絶賛する。

「そのころの稲生は、中学生としては申し分のないレベルまできていましたね。下（下半身）が安定していて、きっちり粘れるから、自分のポイントに呼び込んでボールを捉えることができる。だから、右はもちろん、左へもホームランを打てるんです。それ以上に素晴らしいのは、チームを勝たせるために自分が何をしなければならないか、ちゃんとわかっているということでしょう」

テレビや動画を見て、カッコイイと思ったプロ野球選手の打ち方も真似をした。ロッテの平沢大河《たいが》（仙台育英）、阪神タイガースの髙山俊《しゅん》（日大三、明治大学）、オリックス・バファローズの、吉田正尚《よしだまさたか》（敦賀気比、青山学院大学）。すべて左打ちのスラッガーで、高校時代に甲子園に出場した選手ばかりである。

狙い澄ました本塁打

中学3年生でキャプテンを務めていた2016年は、4月のスポーツニッポン旗争奪東海大会で、東海チャレンジャーを2年ぶり6度目の優勝へ導いた。続く6月の日本少年野球選手権大会愛知県西支部予選兼エスエスケイ旗東海大会でも優勝している。春日井ボーイズとの決勝戦はスコア14－10と大乱打戦となり、4番に入った稲生は単打、三塁打、3ラン本塁打、最後はダメ押しのタイムリー二塁打と、初のサイクル安打を達成した。

試合後、記者にサイクルの感想を聞かれると、稲生は驚いてこう答えた。

「はあ？　気がつきませんでした。勝つことで精いっぱいだったので」

それでも、右翼のフェンスを越えた本塁打は、稲生の手に確かな感触を残していた。

「インコースだけ待って、フルスイングしました。打った瞬間に入ると思った」

東海チャレンジャーに入団して以来、杉浦の熱心な指導を受け、身体の強化に取り組み、地道に練習を重ねてきた成果だった。

そして、この年の7月には、侍ジャパンのU－15代表のメンバーに選ばれた。

稲生がこの代表選出のためのトライアウトに参加したのは、この年の4月半ばだった。トライアウトは中部、関西、東日本、九州の4ブロックに分けられ、中部ブロックが最初に行われた。

地元のボーイズやシニアの選手たち18人とトヨタ自動車のグラウンドに集められて、元巨人の鹿取義隆監督立ち会いの下、キャッチボール、ベースランニング、シートノック、フリー打撃をやって見せる。

稲生も両親も、合格するとはまったく想像していなかった。一緒にテストを受けた選手たちのレベルがあまりにも高くて、受かるとはとうてい思えなかったのだ。

父の悟が言う。

「親としては、トライアウトに呼ばれただけで十分だったんです。賢二にとっていい刺激になればと、それぐらいの気持ちでした」

一方、稲生自身は別のことを考えていた。

「将来社会人で野球をやるなら、トヨタ自動車に入りたいな、と思いました。そのとき、初めてグラウンドや施設を見て、とてもいいところでしたから。名電で甲子園に行って、トヨタさんに入れたら、野球がダメになっても生活が安定するだろう、と思ったので」

こういうところもしっかりしている。

代表選出の報せは、東海チャレンジャーの代表を通して、親に電話で伝えられた。最初に連絡を受けた母の悦子は、思わず「そんなご冗談を」と答えている。その日、散髪屋から帰ってきた稲生は、合格したと知らされてもすぐには信じられず、思わず「ホント？」と2度も聞き返したほどだ。

稲生にとって中学時代最後の大舞台、15歳以下の世界一を決める大会「第3回WBSC（世界野球・ソフトボール連盟）U－15ベースボールワールドカップ2016 in いわき」は7月29日の夜、福島県のいわきグリーンスタジアムで幕を開けた。オーストラリアとぶつかるオープニングラウンド（予選ラウンド）初戦、稲生は3番・センターで、スタメンのクリーンアップに名を連ねた。

実はこのとき、稲生は左足のふくらはぎを痛めていた。強化合宿へ行く前、東海チャレンジャーの練習で打撃投手の球がぶつかり、内出血して腫れ上がってしまったのだ。

一時は歩くのにも杖が必要で、約2週間、練習すらできなかった。稲生が振り返る。

「痛かったです。歩いてると血が下がる感じがして、わあ、足がもげるかも、みたいな」

そんなとき、辻憲伸という侍ジャパンのチームメートがメールで励ましてくれた。石川と同様、ドラゴンズジュニアで出会った仲間である。

やっと左足の痛みが引いたばかりで、ぶっつけ本番に近い形で臨んだオーストラリアとの初戦、稲生はいきなり好守備を見せ、勢いに乗った。打撃でも三回にセンターの頭上を越えるタイムリー三塁打を打つなど、3安打2打点の活躍を見せる。試合も13－0と7回コールド勝ちを収め、チームとしても最高のスタートを切った。

鹿取率いる15歳以下の侍ジャパンはこのあと、キューバ、韓国、チェコ、コロンビアと、4カ国に4連勝して予選を突破した。稲生はその4試合すべてでヒットを打ち、計7打点を挙げている。この大会をCS放送で中継しているJ SPORTSは、スーパーラウンド（決勝ラウンド）で、主力投手の及川雅貴《およかわまさき》、ショートの近藤大樹とともに、「命運握る3人のキーマン、超中学級トリオ」のひとりとして稲生の存在を大きく取り上げた。

この決勝ラウンドにきて、チームも稲生も初めての敗北を喫する。稲生が1安打1打点をマークし、8－0で快勝したベネズエラ戦のあとに迎えたアメリカ戦、ジャパンは2－5で苦杯を舐《な》めた。しかも、ワンアウト満塁と一気に引っ繰り返せるチャンスをつくった九回、稲生があっけなくセカンドゴロ併殺打に倒れ、試合を終わらせてしまった。

稲生は悔しくてならなかった。

「最後は2ストライクからのインコース低めの真っ直ぐでした。150キロぐらい出てたかな。チームの方針で、追い込まれたらノーステップで打たなきゃいけないんです。それで、当てにいくようなバッティングになってしまった」

宿舎のホテルに戻ってから、稲生はチームメートとともに黙々とバットを振った。兄からはLINEで「あまり気にするなよ」とメッセージをもらっている。おかげで、その夜はいつものようにぐっすり眠れた。

一夜明けた8月6日、ここに勝たなければ決勝戦に進めないパナマ戦である。まだ0－0の一回、ワンアウト、走者無しで、決勝ラウンドでは2番に入っていた稲生が打席に入る。初球はインコースの真っ直ぐだった。前夜、アメリカの投手が投げたのと同じ球だ。さては、稲生が最後の打者となった前日の場面が印象に残っていたのか、パナマの投手は2球目も同じコースに真っ直ぐを投げてきた。

だが、この状況なら、ステップしてタイミングを取り、自分のスイングができる。長打を狙える。稲生が狙いすまして引っ張ると、打球は一直線に伸び、ライトスタンドへ突き刺さった。稲生の大会1号本塁打が、チームにとっても最初の一発となった。その瞬間、三塁側スタンドで見守っていた悟は、思わず立ち上がって大きな歓声を上げ、周囲の保護者や観客とハイタッチを繰り返した。

このパナマ戦は2－1で競り勝った。決勝ではキューバに敗れたものの、準優勝は堂々たる成績と言っていい。稲生の打撃成績は、36打数14安打、打率3割8分9厘、11打点、1本塁打。大会ベストナインにも選ばれた。

「理想はイチロー」

世界大会で輝かしい実績を打ち立てたこの年の秋、稲生は念願叶って愛工大名電へ進学を決める。稲生が福島で見せた打撃はＹｏｕＴｕｂｅに動画が投稿されており、名電監督の倉野光生《みつお》もチェックしていた。

「ランナーがいなかったら引っ張るし、ランナーがいれば反対方向へ逆らわずに打つと、そういう打ち分けができる選手ですね。とくに反対方向へ長打が打てるというのは、なかなか訓練してもできるようにはならない。本当の飛ばせる素質を持っているんです」

稲生には秘められた素質があった。それが乙川クラブ、東海チャレンジャーと、段階を踏んで磨かれてきたのだ。メジャーリーグを代表する大打者となったイチローも、名電の鈴木一朗だった時代は、1年ごとに自分の打撃を進化させ、成長していった、と倉野は言う。

「1年生のときはレフトのほうばかり打っていました。私もてっきり、引っ張れない選手だなと思っていたら、2年生でセンター返しを徹底して、3年生になったらライトへ長打を打つようになった。私は、技術的なことは何も教えてません。すべて、イチローが自分の野球観の中で考えてやっていたことです」

自分もイチローのようになりたいと思っているか、稲生に聞いてみた。

「なりたいです。イチローさんのように走攻守、三拍子そろっている選手が理想です」

16年の大晦日、稲生は石川の家に泊まりに行った。これから、名電、東邦と強豪高校でライバル同士となるふたりが、中学時代最後の年明けを一緒に迎えたのだ。稲生が言う。

「昂弥が東邦で1年生からレギュラーになるんなら、ぼくも名電で1年生からレギュラーになりますよ。夏になったら、愛知県大会で昂弥のいる東邦と戦いたい。試合でやるのが楽しみです」

稲生はこの言葉通り、1年夏からレギュラーとして活躍し、チームを引っ張った。

その次の目標はもちろん、プロ野球選手になること。知多半島で育まれた野球少年たちのライバル物語は、高校3年まで、いや、プロになってからも続くはずだ。

第3章　プロだからわかる潜在能力
高松屋翔音と前田聖矢

高松屋翔音

前田聖矢

投手のセンスは一目でわかる

将来、野球で成功するか否か。子供の素質を測るのに、一番わかりやすい目安はやはり身体と数字だろう。要するに、可能性がはっきり目に見えるかどうか、である。

まず、体格が小さいより大きいのに越したことはない。次に、投手は球の速さ、打者は打球の飛距離、さらに走塁の速さと、数字に出る部分が優秀であればあるほど、強豪高校の監督の眼鏡に適《かな》う確率が高くなる。

もっとも、だからといって、速い球を投げられる投手、打球を遠くへ飛ばせる打者が、すべて大成できるわけではない。逆に、最初は誰もが認める力を示していたのに、大きくなるにつれて行き詰まり、とうとう野球が嫌になってやめてしまうケースも少なくない。

一方、力にも体格にも恵まれていない子供が、そのぶんを知恵や精神力で補い、ライバルを押し退けてレギュラーになることもある。そればかりか、やがてはチームリーダーにまで成長し、周囲の子供や自分の親を驚かせる子供もいる。川崎市立東橘《ひがしたちばな》中学校出身の左腕投手・高松屋《たかまつや》翔音《かのん》も、そういう体格と数字だけでは測れない素質の持ち主だ。

中学生時代、高松屋はすでに178センチ、65キロと、上背はあったが、見るからにほっそりしている。真っ直ぐの球速も120キロ台がせいぜい。このひょろりとした頼りなさそうな少年が、横浜のボーイズリーグの強豪、都筑中央ボーイズのエースだと聞いても、彼を知らない人にはにわかに信じられなかったかもしれない。

しかし、高松屋は現実に、関東はもちろん全国レベルの大会で好投し、中学2年のころから強豪高校に注目される存在だった。2017年夏には早くも、東京の名門として知られる日本大学第三高校への翌春進学を決めている。都筑中央ボーイズの会長で、ロッテ、中日、巨人を渡り歩いた経験を持つ元プロの前田幸長《ゆきなが》は、こう太鼓判を押した。

「彼なら日大三高でもエースになって、甲子園で活躍してくれるでしょう。プロに行っても十分通用すると思います」

そう語る前田自身、かつては福岡第一高校のエースとして活躍した左腕投手だった。1988年に甲子園に春夏連続出場を果たし、夏には広島商業高校との決勝に進出、敗れたとはいえ準優勝投手となっている。

体格は179センチ、70キロといまの高松屋と大差ない。球速も140キロ台と、プロとしてはごくふつうだった。にもかかわらず、前田は19年間も第一線で投げ続けた。最後の20年目は、志半《こころざしなか》ばに終わったものの、37歳にしてメジャーリーグにも挑戦している。

前田は現役時代、自分より体格に恵まれ、速い球を投げられる力を持っていながら、結局はものにならなかった投手を山と見てきた。現役引退後に都筑中央ボーイズを立ち上げ、小中学生を指導するようになったいま、投手として通用しない子供は一目見ればわかる、と前田は言う。

「よくいるんですよ、えいやっ、と力任せに速い球を投げられる子は。ウチにもそういう子が来て、投手をやらせてくださいって言うんです。親御さんと一緒に意気込んじゃってね。でも、そういう子に限って、投手としての伸びしろがほとんどないんだな」

そう言う前田は、子供のどこを見て、伸びしろの有無を判断するのだろうか。

「実際に投げる姿を見れば、投手として通用するかしないかはすぐにわかります。判断の基準は、キャッチボールの身のこなし、マウンドでの動きや雰囲気、そういうものすべてを含めたセンスですね。いい投手になれそうな素質は、そういう数字に表れないところに出る。こいつはここをこうすればもっと制球がよくなるだろう、もっとスピードも出るだろう。そういう伸びしろが感じられるかどうかが一番重要なんです」

見込みがないとわかったら、前田は子供と一緒に来た親にはっきり告げる。申し訳ありませんけど、お子さんが投手でやっていくのは無理でしょう。ウチに入るなら、野手一本に専念してください、と。

もちろん、前田の言葉が受け入れられず、別のチームへ行ってしまう親子もいる。が、そんな子供が大いに活躍するようになったという話は、前田はついぞ聞いたことがない。

天性の柔らかさ

前田の下で監督を務める都築克幸《つづきかつゆき》は日大三高出身で、教え子の高松屋を母校に推薦した人物である。高校３年生だった２００１年、甲子園春夏連続出場を果たし、夏の大会で全国制覇に貢献した。１番・セカンドで高校野球史上に残る強力打線を牽引、６試合すべてで安打を打ち、５割７分１厘という驚異的な打率を記録している。日大三校ＯＢの中では、いまも伝説的存在と言っていい。

しかし、その年の秋、ドラフト７巡目で入団した中日では一度も一軍に昇格できず、４年で戦力外通告を受けた。つまり、自分の素質の限界を身を以て実感した人間でもある。その都築も、前田と同様に、重要なのは体格やスピードではなく、センスだと強調する。

「センスがあるかないかは、小学生でわかりますね。キャッチボールとスイングさえ見れば、大体わかる。プロに行けるかまではともかく、強豪高校でやれるようになるかぐらいなら。むしろ、小学生のほうが中学生より、素質のあるなしがよくわかるかもしれない」

そういうものなのか。長年野球を見ていても、本格的な野球経験のない人間にとっては簡単にはうなずきかねる話だ。なぜ、小学生の段階でそこまでわかるのか。

「小学生のキャッチボールって、生まれつきの素質だけでやってるでしょ。あとから大人に教えられた基本も技術も何もない、本当にまっさらな状態でね。だから、メチャクチャなんだけど、逆にセンスのある子は本当にいい投げ方をする。そこを見るんです」

その点、すでに一定の技術を学んだ中学生は、ある程度教科書通りの投げ方や打ち方ができる。言い方は悪いが、見た目に誤魔化しが利く。だから、小学生のほうが、もとから備わっているセンスがよく見える、と都築は言うのだ。

私が初めて高松屋を見たのは、彼が中学2年生だった16年の冬だ。横浜市都筑区東方町にある都筑中央ボーイズのグラウンド、通称「都筑ジャイアンツ球場」に足を運び、視察にやってきた高校の関係者たちと、ブルペンに入った高松屋の投球を見守った。

セットポジションから右膝を胸につくほど高く上げ、その右足を大きく前に踏み出し、テークバックの小さなフォームで真っ直ぐを投げ込む。捕手のミットに収まる直前、微妙に変化させているようにも見えた。曲がりの大きなカーブ、縦に変化するスライダーなどもあり、ほとんどがストライクゾーンにしっかりと収まっている。下半身の使い方がしなやかで、天性の柔らかさを感じさせた。

じっくりと観察していたある高校の関係者が、前田に言った。

「面白いですね。結構、打者がタイミングを取りづらそうな感じで、コントロールもなかなか安定してる。フォアボールで崩れることもなさそうですね」

前田がうなずいた。

「きょうはすごく速いとか、きょうは調子が特別いいとか、高松屋はそういうピッチャーじゃないんです。いつも同じ、いつも変わらない、常に安定したピッチングでしっかりとゲームをつくってくれる。だから、使うほうも安心してマウンドに送り出せる。そういうピッチャーなんですよ」

そういう制球力や安定感は、高校やプロでも求められる重要な要素のひとつだ。１５０キロ以上の速球には生まれつきの素質が必要で、他人に教えられて投げられるようになるものではない、とよく言われる。が、１２０キロ程度の直球で抑えられるコントロールもまた、天性のセンスの賜物ではないのか。

前田、都築ら、都筑中央ボーイズの指導者は、いかにして高松屋からそのセンスを引き出し、ここまで磨きをかけたのだろう。

母親の遺伝子

高松屋は２００2年4月、２人兄弟の次男として生まれた。父・嘉宏が35歳、母・初子が29歳の年の子供である。「翔音」と書いて「かのん」と読ませるどこか詩的な名前は、嘉宏と初子が4歳上の長男・翔輝の「翔」の字を次男にもつけたいと考え、姓名判断の本をめくって探し当てたという。

兄の翔輝は小学3年生から野球を始めて、中学校の軟式野球部で投手をしており、日本大学高校に進んでからも野球を続けている。そんな兄の影響に加え、仲のいい近所の子も野球をやっていたことから、高松屋も自然とボール遊びに親しむようになった。

親に勧められるまでもなく、高松屋は小学生になると、自ら本格的に野球をやりたいという意思を示す。最初は、地元の子母口《しぼくち》北《きた》子供会のチーム、子母口北少年野球部に入り、ティーボール野球から始めた。ポジションは外野手である。

次第に背が伸び、ティーボールから軟式に変わると、周りの子より速い球を投げられるようになった。左投げということもあって、当時の指導者に兄と同じ投手をやるように勧められる。こうしてマウンドに上がったのが小学5年生のころだった。このころから、父の嘉宏にキャッチボールの相手やノックをしてもらう機会も増えた。

ただし、嘉宏には野球の経験がない。素人も同然だと、本人が苦笑いを浮かべて言う。

「上の翔輝が野球を始めてから、私も見よう見まねでキャッチボールをやりだしたんですよ。本当にそれぐらいの経験しかありませんでした。子供と一緒に、監督さんから野球を教わったようなものです」

それでも、自分の息子たちが野球の練習に打ち込み、試合で一所懸命頑張っている姿を見るのはうれしかった。当時はまだ40歳そこそこで、まだまだ身体も動くことから、土日は休日返上で息子たちの野球につきあった。

息子の野球に熱が入るにつれ、嘉宏は監督やコーチから、審判をやってみてはどうかと持ちかけられる。プロ野球は中日ドラゴンズのファンで、時折テレビで見ていたが、判定する立場になると、ストライクゾーンも基本的なルールもよく知らないことに改めて気がつく。猛勉強しなければならなかった。

しかし、父親にとっては、それもやりがいのうちだったらしい。嘉宏が言う。

「審判をやったら、子供と同じグラウンドにいられるじゃないですか。それがいいんですよ。いままではスタンドで見ているしかなかったでしょう。ずっとグラウンドの外にいたのが、中に入って一緒に野球ができる。それがあるから、いろいろと大変でも、こうして審判を続けてこれたと思うんです」

私が話を聞いた16年12月も、嘉宏は厚木市の猿ケ島野球場で審判をしていた。海老名南シニアとのダブルヘッダーで、３年生チームの練習試合だったから、まだ2年生だった高松屋は出場していない。自分の息子が投げる試合で球審を割り当てられたときは、やはり少々面映《おもは》ゆいという。

「正直、目の前のマウンドに息子がいると、やりにくいな、という感覚はあります。ストライク、ボールの判定をするのにも、息子にだけは厳しくなってしまう。際どい球があるじゃないですか。よその子ならストライクでいいと思う球を、ついボールと言ったりね」
それは、あえて心を鬼にしているわけか。そう問うと、嘉宏はまた苦笑いした。

「というより、イラッとするんですよ。どこに投げてんだ！　と思っちゃうもんで」

そうした言葉からもわかるように、嘉宏はもともと、体育会系の気質の持ち主である。中学生からバスケットボールを始め、高校、大学、実業団の富士通まで現役生活を続けていた。ふつうの社会人としては、ひとかどのアスリートだったと言っていい。

妻の初子も、嘉宏と知り合ったころは富士通のバスケットボールの選手だった。こちらは日本リーグの試合に出場していたほどで、いまならプロのBリーグに所属していた可能性もある。女性としては身長も高いほうで、翔輝と翔音も長身だから、母の遺伝子を受け継いでいることは間違いない。

プロ野球のスカウトはアマチュアの選手に目をつけると、必ず両親のスポーツ歴をチェックする。男の子は母親の遺伝子を受け継ぐ確率が高い、というのが球界の定説だ。これは、西武ライオンズや福岡ダイエーホークス（05年からソフトバンク）で数多の名選手の原石を獲得した根本陸夫《りくお》の持論でもあった。その伝でいけば、高松屋が生まれつき運動能力に優れ、前田も絶賛するほどのセンスの持ち主だったことにも合点がゆく。

小学6年生になると、中学に進んでからはどこで野球を続けようか、高松屋は考えた。兄の翔輝と同じように中学校の軟式野球部に入るか、それよりもっとレベルの高い硬式のボーイズやリトルシニアで本格的に自分の力を試してみようか。

息子の気持ちを汲んだ嘉宏は、知り合いやインターネットから情報を集め、息子の希望に合いそうなチームを探した。出せる費用には限りがあるし、高校進学のためには学習塾にも通わせなければならない。自分たち親が車で送り迎えするとなると、家からなるべく近いところのチームを選ぶ必要もある。

嘉宏がいくつか地元のチームを挙げると、高松屋はそれぞれ体験練習に参加してみた。そして、自分でじっくり考えた結果、都筑中央ボーイズを選んだのだ。高松屋が言う。

「指導者がプロとか社会人に行っている人が多くて、それで選びました」

では、その指導者の中で、誰に教えられたことが一番大きかったか。この質問に、高松屋は即答した。

「門西《もんざい》コーチです」

「絶対に無理はするな」

都筑中央ボーイズの投手コーチ、門西明彦は社会人野球の名選手として知られる。静岡県立富士宮農業高校（02年から富岳館高校）から三菱重工横浜硬式野球部（現・三菱日立パワーシステムズ硬式野球部）に入り、12年に引退するまでの18年間、エースとして投げ続けた。驚くほどの速い球を投げていたわけではないが、正確なコントロールと巧みな牽制の技術は、アマチュアながら芸術的とさえ言われたほどである。

都市対抗野球大会の優勝といったタイトルには縁がなかったものの、06年の廃部の危機を乗り越え、精神的支柱としてチームを支え続けた。自分が登板しないときは、負け試合でもチームを盛り上げようと、ベンチで懸命に声を嗄《か》らしている。そんな門西の勲章は、いまも右肘に残る何本もの縫合の痕《あと》だ。

「社会人時代、4回手術をしました。1回目は側副靱帯の移植。2回目は骨棘《こつきょく》、いわゆるネズミ、それに神経と筋肉が癒着した部分の除去。3回目、4回目もネズミでした。3回目のときは一時、腕が上がらなくなって、顔や頭を洗うこともできなかったな」

自身が現役時代にそうした辛さを経験しているだけに、指導者としても子供の体調には人一倍敏感だ。

「常々、絶対に無理はするな、と子供たちには言ってます。痛いとかおかしいとか、少しでもそう感じたら、すぐに言いに来いと」

門西が口を酸っぱくしてそう言い聞かせているのは、痛みを感じても報告しない子供が意外に多いからだ。とりわけ投手は投げられないと判断されると試合に使ってもらえないため、肩や肘が少々痛くてもいずれ治まるだろうと我慢しているうち、症状を悪化させてしまう子供が少なくないという。

「ぼくが教えた子供の中には、ここに入ってきてすぐ、肘が痛くてたまらないという子がいました。聞いたら、小学校で投げ過ぎて、ずっと我慢してたというんですよ。そういう子もいますから、痛いと感じたら、とにかくちゃんと言いなさい、と」

高松屋にはそういう心配はないのか。そう尋ねると、門西は笑って首を振った。

「翔音くんは全然、痛いとか言ってきませんね。彼は腕の力より、下半身の回転で投げているでしょう。そういう身体の使い方を覚えているから、肩、肘を壊すことはまずない。だから、連投させても平気なんです」

門西も前田と同じように、高松屋の投げ方を一目見てすぐ制球力のよさに気がついたという。優れたコントロールもスピードと同じで教えられて身につくものではなく、生まれつきの素質に負うところが大きい、と門西は強調する。

「ぼくも会長（前田）もそうですけど、ピッチャーをやれる子は何も教えられなくても、生まれつきコントロールが優れているものなんですよ。ストライクを投げようとしなくても自然と投げられちゃう。だからピッチャーをやるわけです。翔音くんも最初に見たときからテークバックが小さくて、コントロールがすごくよかった。フォーム全体のバランスもいいから、変にいじったりせず、このまま育てていこうと思いました」

しかし、2年生でエースになるまでには、高松屋自ら足を踏み外した時期もあった。

中学1年生のころ、もっとスピードを上げようとするあまり、しばしばコントロールが乱れるようになったのだ。以前よりもテークバックが大きくなり、下半身を使って投げるのではなく、腕を振り回すようになったことが原因である。ひどいときは全体のバランスが崩れ、投球練習をしていると、ボールがブルペンを囲むネットを突き破り、向こう側のベンチへ飛び込むほどだった。

そうした話をしながら、門西は自らボールを握り、投球動作をして見せた。右手を頭上に上げ、投げる寸前でピタリと止める。

「ポイントはここです。手からボールをリリースする瞬間、手と頭の間の距離が近くなってることが大事。テークバックが大きくなると、手と頭の間が離れてしまう。そのぶん球離れが早くなって、コントロールが乱れるというわけです。翔音くんも、一番悪いときはリリースポイントがバラバラだった」

このまま投球練習を続けても、この悪い癖は拭い去れない。門西は思い切って高松屋の投球練習を禁止し、しばらくキャッチボールに専念させた。さらに、近距離からネットにゆっくりと投げる練習、ネットピッチングを繰り返させる。その後、もがき続けていた高松屋は、テークバックが小さく、しなやかに下半身を使う本来の投げ方を取り戻した。

両親の献身的なサポート

こうして高松屋は、下半身のトレーニングにも、以前にも増して熱心に取り組むようになった。都筑中央ボーイズは毎週日曜、トレーニング専門の講師を招いて子供たちの体幹の強化を図っており、門西が見ていても辛くなるほどの厳しいメニューを課す。参加した子供たちがあえいでいる中、高松屋は決して音を上げようとしなかった。

学校があるために週末の土日しか練習できない子供が多い中、高松屋は平日の練習にも積極的に参加した。学校や学習塾などの都合で来られない月曜を除き、夕方4時から夜7時まで、汗を流している。

もちろん、たまには練習をサボろうとしたこともないわけではない。嘉宏が言う。

「そういうときは、私たち親がケツをたたくわけです。なんで練習をやらないんだ、と。やっぱり、私も妻もスポーツをやっていたので、子供がそういうところを見せると、またイライラするんですよ」

そうした日々の中で、監督の都築がとくに感心したことがひとつある。練習の終わりには毎回全員でランニングをするのだが、そのころにはもうみんなヘトヘトになっていて、都築に「走れ、走れ」と急き立てられないと走ろうとしない子供が多い。そういう中で、高松屋はいつも、何も言わなくても、ひとりで黙々と走り込みをしているのだ。

「あれは大したものだと思います。高松屋の場合は、強い高校に行きたい、将来はプロに行きたい、という目標がはっきりしてるからじゃないかな」

今時は、野球の実力さえあれば、勉強など二の次でも進学できる時代ではない。甲子園に出られる強豪高校へスポーツ特待生の枠で入ろうと思ったら、それなりの試験を受けてきちんと合格することを求められる。日大三高に行くとなると、猛勉強が必要だ。

高松屋も、平日の練習を終えると、数学、英語、理科、社会の学習塾にせっせと通っていた。中学生とはいえ、これほど忙しいと、親が車で送り迎えしないことには、とてもスケジュールを消化できない。母の初子が言う。

「練習が終わったら、私か主人が車でこの子をグラウンドへ迎えに行きます。それで、車の中で、私がつくったおにぎりをふたつ食べさせるんです。それで、家に帰ったら着替えをさせて、今度は塾へ送り出す。週に2日か3日はそんな感じでしたね」

大変ですね。思わずそう言ったら、初子は笑って首を振った。

「いえいえ、練習も勉強もやってるこの子のほうが、親よりもよっぽど大変ですよ。私もバスケをやってましたけど、私たちの世代は勉強のほうは多少大目に見てもらえるところもあったじゃないですか。いま、この子たちの時代はそうはいきませんものね」

だから、勉強しろ、練習もしろ、と息子に言わなければならないことが、ひどく申し訳なく感じられるときもあるという。そうした親の愛情とサポートもあり、高松屋は中学2年生で押しも押されもせぬ都筑中央ボーイズのエースへと成長した。

エースとなったその2016年、チームと高松屋にとって最大のハイライトは9、10月に行われた第13回日本少年野球連盟神奈川支部厚木大会（東日本選抜大会予選）だ。31チームが参加した中学部のトーナメント大会で、都筑中央ボーイズは5試合を勝ち抜き、2年ぶり2度目の優勝を果たした。

大会序盤から奮闘した高松屋は、瀬谷本郷公園野球場で行われた横浜泉中央ボーイズとの決勝戦に先発、5安打無失点に抑えて完封勝ちを飾っている。会長が元巨人の前田幸長ということもあって、この優勝はスポーツ報知の少年野球面にカラー写真付きで報じられた。全員そろって撮影された記念写真の左上に、力投する高松屋の写真が掲載されている。

そんな高松屋の成長ぶりについて、監督の都築が言う。

「一度コントロールが悪くなったところから立ち直り、もう一度安定するようになって、完全にエースになりました。そのころ、上の3年生にもエース格の右投手がふたりいたんですが、安定感で高松屋が上回った。走者を出してもいつも冷静で、自分でゲームをつくれる。ピンチでも顔色ひとつ変えなかった。頭がよくて、芯も強いんでしょう」

両親から素質を受け継ぎ、ボーイズで潜在能力を見出された高松屋の野球人生は、これからが本番である。日大三高へ進学を決めた彼に、プロになりたいのか、聞いてみた。

「はい。なりたいです」

この答えを、父の嘉宏にも振ってみた。

「そういう話、私は初めて聞いたばかりなんですよ。まだ、何とも言えませんね」

「長男のときは失敗した」

日大三高には高松屋より1年早く、2017年の春に都筑中央ボーイズから進んだ1年先輩の野手がいる。会長の前田の次男・聖矢だ。この年の秋のドラフト会議の有力候補と言われた櫻井周斗《しゅうと》（現・横浜DeNAベイスターズ）、金成麗生《かなりれお》（現・トヨタ自動車）の背中を見ながら、レギュラーを目指して汗を流している。

この前田聖矢もまた、一見しただけでスケールの大きさを感じさせるタイプではない。右投げ左打ち、169センチ、70キロという体格も今時の高校1年生にしては小柄なほうだ。都筑中央ボーイズでは1番・セカンドでレギュラーとなり、キャプテンとしてチームを引っ張っている。

が、そういうことを知らなければ、最初から聖矢に注目する強豪高校の指導者はあまりいないのではないか。

現に、日大三高の小倉全由《おぐらまさよし》監督が都筑中央ボーイズのグラウンドへ視察に来たときも、最初は聖矢の獲得が第一の目的ではなかったらしい。聖矢が言う。

「監督さんは、最初はほかの選手を見に来られていたそうです。そのうちに、ぼくも声をかけられて、よし、じゃあ行くぞ、みたいな気持ちになったという感じですね」

小倉は監督として日大三高を率い、春夏合わせて15回甲子園に出場し、夏の優勝2回、春の準優勝が1回という実績を誇っている。もちろん、聖矢もよく知っている高校球界屈指の名監督だ。

「そういう監督さんなので、自分らの代でも優勝したいですね。日大三高はユニフォームもカッコイイし」

その前に、聖矢が内野でレギュラーになることが先決だ。その自信はあるのだろうか。

「いや、ありますよ」

希望するポジションはいまと同じセカンドか。ほかのポジションで試される機会もあると思うが、聖矢はどう考えているのか。

「やりたいのは二遊間です。試合に出られるなら、サードでもどこでも守りますけどね」

極めて簡潔に、しかしはっきりと、聖矢は答えた。大きな身体や頭抜けたパワーはなくとも、父から受け継いだセンス、父によって築かれた基礎と土台が、聖矢にはある。自分が全力を尽くせば、必ずレギュラーとなって甲子園へ行ける、と信じているようだ。

このあくまでも前向きな性格、ポジティブな思考は父親譲りではないのか。そう前田に尋ねると、むしろ母の理加に似たのかもしれない、と父は答えた。

「レギュラーになってほしいとか、そういう殊勝なことは言わないんですよね、ウチの嫁さんは。レギュラーならなって当然でしょ、甲子園に行けないなんてあり得ないでしょ、そういう感じだから」

前田の言うことを聞いて、傍《かたわ》らにいた理加が笑った。

「目標は高く持ったほうがいいじゃないですか。だから、バッティングについても、打率10割打てばいいじゃん、とか言っちゃう。甲子園も、行きたい、じゃなく、行って当然、行かなきゃダメよ、と。私、野球には全然、詳しくないものだから、平気でそういう言い方をしてしまうんですけど」

そんな理加と前田は、福岡第一高校の同級生だった。前田が1988年のドラフト1位でロッテに入団してから3年後、ともに21歳で結婚したことは、プロ野球ファンの間ではよく知られている。聖矢が生まれたのは父の前田がまだ現役で、中日に在籍していた2001年6月だった。

４人きょうだいの４番目で、姉がふたり、兄がひとりいる。

理加がいつも明るく、あっけらかんと聖矢に接する一方、前田は聖矢の成長ぶりを観察しながら、慎重に指導を重ねてきた。いつもは優しく、ときには厳しく、しかし、あまりに厳しく追い込んで、聖矢が野球を嫌になったりしないように。

その理由を、前田が語る。

「ぼく、長男で失敗したんです。聖矢より６歳上のお兄ちゃんなんですけど、野球を教えるときに厳しくやり過ぎて、結構反発されちゃったもんですから」

長男は次男よりも見た目が父に似ていて、いまの前田をスリムにしたような体形をしていた。自分と同じ左投げで投手をやっていたことも、前田の指導に熱が入り過ぎた原因かもしれない。

前田が続ける。

「ぼく自身、子供のころ、親父にしばかれて野球を仕込まれましたからね。しょっちゅう竹の物差しで引っぱたかれて。だから、長男が野球を始めたときも、ついつい同じようにやっちゃったんです。何かミスでもすると、すぐに腹を立てたりして」

とくに、試合でストライクが入らないと、我慢できなくなることもあった。自分はコントロールのよさで売っているプロの投手なのに、どうして息子は同じように投げられないんだ、と。

前田の言葉を、理加が補足する。

「怒ること自体はいいんですけど、怒るポイントがずれていたのよね。私が見ていても、それは違うな、と思うときがあった」

前田が都筑中央ボーイズを立ち上げたのはもともと、この長男の中学進学がきっかけである。中学でも本格的に野球を続けさせようと、地元のボーイズやリトルシニアのチームを調べてみたところ、強豪や名門といわれるチームほど、前田の目にはいろいろと問題点が多いように感じられた。

とくに、監督がふんぞり返っているところが多い。子供の起用の権限を一手に握り、保護者を足下にかしずかせるかのような態度を取っているのだ。前田が言う。

「あれじゃ、監督というより監督様ですよ。保護者に当番制でお茶汲みをさせたり、弁当を配らせたり。そういうことをしてる保護者の間にも、また変な上下関係があったりね」

それでも、前田のようなプロ野球選手の目から見て、理に適《かな》った指導をしているのならまだ評価できる。が、体力づくりも技術指導も、首をひねりたくなるような教え方をしている監督、コーチが目についた。

そんなところに自分の長男を入れたら、元プロ野球選手の息子だからと、いじめの対象にされる恐れもある。それなら自分でボーイズリーグのチームを創設し、近所の子供たちを集め、自分の手で長男に野球を教え込んだほうがいい、と思ったのだ。

中学で「土台」をつくる

前田の考えは間違いではなかった。事実、都筑中央ボーイズは大いに発展を遂げ、横浜の強豪と認められるようになり、高校球界にも数多の球児を送り込んでいる。

しかし、中学に進んで反抗期に入った長男は、この時期、前田の言うことをまるで受けつけなくなった。服装や身だしなみまで乱れがちになる。福岡第一高校時代、明るくやんちゃなキャラクターで知られていた前田が、人の親になって初めて直面した問題だった。

「やっぱり、ぼくが怒り方を間違えたんだと思います。幸い、野球をやめるところまではいかなくて、いまでも山梨のクラブチームでピッチャーをやってますけど」

だから、小学2年生から野球を始めた聖矢には、長男ほどうるさく言わないように自分を抑えた。少々ミスをしても目をつむった。長男には自分と同じ投手をやらせたが、聖矢に「投げるより打つほうが好きなんだよ」と言われると内野手をやらせた。

この経緯を、聖矢本人に確かめてみた。

「投げるのはあんまり好きじゃなかったですね。そう言ったらあれですけど、打つほうが好きだったんです」

憧れのバッターはいるのだろうか。

「すごいなあと思うのは、（横浜DeNA）ベイスターズの筒香《つつごう》（嘉智《よしとも》）選手ですね」

なるほど。しかし、聖矢とはタイプが違うように思うが。

「タイプとかいうより、野球をやっている姿がカッコイイ、みたいな、です、はい」

前田は08年に現役を引退してからも、聖矢の指導を続けた。都筑中央ボーイズの小学部に入れ、打撃投手をしたり、ティー打撃の球出しをしたり、プロ野球解説者や大学准教授などの仕事の合間を縫って、少しでも息子の力を伸ばそうと手を尽くした。

父がそれだけ苦労を重ねた甲斐あってか、聖矢に野球選手としての自覚が芽生えるのは早かった。小学6年生になると、これからは食生活を改めると宣言する。

「もう炭酸（飲料）はやめた。マック（マクドナルドのハンバーガー）も食べない」

前田はうれしかった。

「よし、それじゃ、お父さんもコーラやジャンクフードは卒業だ」

前田自身、引退してからはいささか食生活に無頓着になっていた。昔ほど気を遣わなくてもよくなったからと、時々ハンバーガーにかぶりつき、コーラで流し込んだりしていたのだ。そういうたがの緩んだ生活も、聖矢のおかげで改めることができたわけである。

チームの練習が終わって家に帰ると、さらに聖矢の個人練習を続ける。ティー打撃の球出しはもちろん、内野守備のグラブさばきもじっくり教え込んだ。

ときには理加にも練習を手伝わせている。理加の球出しがへただからと、聖矢が「ちゃんとやってよ」と怒り出したりもした。前田も理加も、そうやって聖矢と過ごす時間を心のどこかで楽しんでいた。

こうして育て上げた聖矢の野球選手としてのセールスポイントは何か。前田に聞くと、こんな答えが返ってきた。

「何か飛び抜けてすごいものがある、というわけではありません。バッティングはいい。捉えるのはうまいし、大きいのも打てます。守備もちゃんとできるし、足も速い。で、何がいいかって言うと、そういうものを全部引っくるめたセンスが聖矢にはある。立ち居振る舞いからして、すでにプロっぽい。いい選手ですよ。使いでのある選手というのかな」

親子で野球に取り組んだ甲斐あって、聖矢は日大三高の小倉監督の眼鏡に適った。が、実はそのあとが大変だった、と聖矢は言う。野球の実力は折り紙付きでも、入試に受かるだけの学力が足りなかったからだ。

「中学2年の後期まで、ひどい成績だったんです。3年の1学期も悪かったら日大三高に行けないぞ、みたいなことを学校で言われたんですよ。それから、すごい受験勉強をしました。数学と英語の家庭教師に家に来てもらって。もう、めっちゃ大変でした」

そうした苦労を乗り越えて日大三高に入学したいま、次の目標は何なのか。

「レギュラーを取って甲子園。それから、次はもう、プロしかないでしょ、みたいな」

こうあっけらかんと答えられるあたりは、母の理加による日ごろのメンタル・トレーニングが生きているようだ。

この聖矢にしろ、1年後に高校でも後輩となる高松屋にしろ、中学生活の3年間、都筑中央ボーイズで指導を受けたことが、日大三高に認められる結果につながった。中学時代に自分の潜在能力を見抜き、評価してくれる指導者と出会って、野球の基本や正しいフォームを習得することがいかに大事か、改めて会長の前田が力説する。

「今時の高校では、強いところほど、ウチでやっている基本は教えてません。最初から野球のうまい子ばかり集まるので、入ったらすぐに結果を求められる。試合で使える子、使えば勝てる子が優先的にチャンスをもらえる。甲子園を目指す高校はどこも、プロと同じで待ったなしなんです。そこで埋もれてしまわないために、中学でしっかりと基礎と土台をつくっておくことが重要になるわけです」

そんな聖矢と高松屋に共通しているのは、元プロによって潜在能力を引き出されたことである。福島の聖光学院にも、中学時代に元プロの薫陶《くんとう》を受け、16年夏の甲子園で、根尾昂《あきら》よりも1年早く「二刀流デビュー」を果たした選手がいた。

第４章　東都大学史上初の二刀流
鈴木駿輔

入学早々にプロ入り宣言

青山学院大学硬式野球部はかつて、河原井正雄《かわらいまさお》監督の下、東都大学野球連盟の1部リーグで12度、全日本大学選手権で4度優勝した強豪だった。小久保裕紀《ひろき》、井口資仁《ただひと》をはじめプロ野球を代表する名選手も輩出している。それほどの実績を持つ青学が、2006年の春季リーグ優勝を最後に覇権から遠ざかり、15年以降は1部から2部に降格したままだ。

その15年に河原井が監督を退任してアドバイザーに回ってから、投手コーチだった青学OB・善波厚司《ぜんばあつし》が17年まで2年間監督を務めていた（現在はコーチに復帰）。就任2年目の16年には2部で優勝するも、中央大学との入れ替え戦に1勝2敗で敗れ、1部再昇格は叶わず。その後は16年秋、17年春、秋と3季連続で2部の3位にとどまっている。

青学がかくも厳しい状況にある17年春、「1部昇格に貢献し、監督を胴上げしたい」と言う頼もしい1年生が現れた。それが、福島県の聖光学院高校から入部してきた鈴木駿輔《しゅんすけ》だ。

183センチ、76キロ、右投げ右打ちで、やや細身ながらも、スケールの大きさを感じさせる。野球部公式ホームページの部員紹介欄には堂々とこういうコメントを寄せた。

「4年後のドラフト上位指名という明確なビジョンを持って、1日も無駄にすることなく精進していきますので応援宜しくお願い致します」（原文ママ）

先輩も含めてほとんどの選手が、同じ欄を「全力で頑張ります」「精一杯頑張ります」などと無難な決まり文句で埋めている。それがごくふつうの学生の感覚でもあろう。が、鈴木は青学に入学してすぐ、「4年後」にプロに行くと宣言し、行くからには「ドラフト上位指名」を受けたいと、具体的な条件まで書き込んだ。鈴木がそれだけの自信を持ち、指導者やチームメートにも認められるほどの実績があるからこそだ。

鈴木の獲得に動いたのはほかならぬ監督の善波である。鈴木が入ってくると、さっそく4月5日の東京農業大学戦でベンチに入れ、1年生の中で一番早く春のリーグ戦に代打で出場させた。控えクラスのBチームの試合、社会人とのオープン戦にも出場させ、様々な起用法を試して適性を測っている。

サードを守らせた試合では、大学生活1号となる満塁本塁打を放った。鷺宮《さぎのみや》製作所との試合に投手として登板させると、真っ直ぐが142キロを計測し、ヒットを打たれながらも冷静に牽制球で仕留め、1イニング1安打無失点、打者3人で片づけている。

鈴木なら、投打のどちらでも戦力になる可能性がありそうだ。善波が言う。

「駿輔は二刀流でいきますよ。いま、チームはピッチャーが手薄ですからね。1イニングのリリーフで使うこともできるし、先発だったらどのぐらい長いイニングが投げられるかも試してみたい。ピッチャーとしての登板がないときは内野と外野のどちらがいいのか、これから実戦で経験を積ませながら判断していこうと考えています」

鈴木本人は、投手としては先発の柱、登板のない試合は内野のサードを希望している。外野手もできるが、レギュラークラスの3年生は外野手が多く、彼らが4年生になったら定位置はすべて埋まるはずだ。自分が2年生になるころ、穴が空くとすれば内野のほうが可能性が高い、と読んでのことだった。

東都大学野球連盟は1931年発足以来、80年以上の歴史を誇る。ひとりの選手が一時的に投手と野手を兼ねたケースなら、過去にも山とある。が、大谷翔平のように二刀流で本格的にプレーした選手となると、近年では寡聞にして実例を知らない。鈴木が東都大学リーグで二刀流を実践し、プロでも継続することができたら、恐らくプロ・アマの球史を通じて前代未聞の存在となるだろう。

早実・清宮幸太郎との初対決

鈴木が二刀流の選手として頭角を現したのは、聖光学院高校3年生だった2016年3月25日、早稲田実業学校の王貞治記念グラウンドで行われた練習試合である。相手はこの年、2年生ですでにスーパースターとなっていた清宮幸太郎を擁《よう》する早実だった。

この日は、早実がマスコミ各社の合同取材日に指定していたため、清宮を目当てに大勢の報道陣が詰めかけた。記者の目もカメラの放列もほとんど、４番・センターの清宮にしか向けられていない。

グラウンド周辺が取材フィーバーの異様な熱気に包まれた中、鈴木は６番・投手でスタメン出場した。先頭打者の本塁打などで先制し、早くも打順が回ってきた初回、いきなり豪快な本塁打を放った。清宮よりも一足先にバックスクリーン右にたたき込んだ一発に、観客や報道陣からどよめきが起こる。

４点のリードをもらってマウンドに上がると、今度は清宮を２打数無安打に抑えた。１４０キロ台の真っ直ぐで押しながら、スライダーやカットボールを交えて、巧みにタイミングを外す。試合の結果はともかく、清宮との勝負は鈴木に軍配が上がった。ただし、その夜のテレビニュースや翌日のスポーツ紙には、高校通算27、28号本塁打を打った清宮ばかりが大きく報じられていたが。

このころから、マスコミやプロのスカウトも鈴木の動向をチェックするようになった。最高速度１４３キロを出せる肩に加え、反対方向のスタンドへ本塁打を打てる体幹と足腰の強さは、豊かな将来性と並外れた潜在能力を感じさせた。

しかし、夏の福島県大会では、鈴木駿輔は投手として登板していない。５月の試合中、走塁の際に右足首の靱帯を部分断裂し、投球を控えざるを得なかったのだ。

県大会のマウンドには、左のエース・鈴木拓人《たくと》が立った。外野に回った駿輔は4番打者として打撃と援護に徹した。ふたりの鈴木のおかげで聖光学院は県大会に優勝し、同校が持つ夏の県予選9連覇の戦後最長記録を更新する10連覇を達成している。

ところが、いざ甲子園での初戦に臨むと、北北海道のクラーク記念国際高校を相手に、投手の軸となるべき拓人が不安を覗かせる。県大会で疲労が蓄積していたのか、先発して4回3分の2を7安打3失点と、左のエースらしからぬ内容に終わっていた。

駿輔はこの試合のあと、監督の斎藤智也《ともや》の許可を得て、約2ヵ月ぶりに投球練習を再開した。実戦の感覚を取り戻すため、ブルペンで打者に立ってもらい、帽子を飛ばすほどの気合の入れようだった。

東邦との3回戦の前日、斎藤は駿輔をシート打撃にも登板させた。ピッチングだけでなく、フィールディングにも問題がないことを確かめたのだ。ここで駿輔が3者連続三振を奪う力投を見せたことで、次戦は4番・投手でいくと、斎藤も決断する。駿輔本人に伝えたのは8月17日、試合当日の朝だった。

駿輔は、満を持して甲子園で初登板初先発のマウンドに上がった。ひとりで九回まで133球を投げ抜き、7安打2失点、5－2で堂々の完投勝利。打者としても2安打1盗塁を記録し、5点目のホームを踏んでいる。

地元紙・福島民報は、聖光学院8強進出と駿輔の活躍を号外で伝えた。スポーツ紙の東北版でも大きく報じられ、鈴木のピッチングやガッツポーズの写真の傍《かたわ》らに「二刀流の秘密兵器」「背番号8のエース」という見出しが躍った。

まだ東日本大震災の記憶が生々しい16年、聖光学院と駿輔の勝利は、地元の被災者たちに元気と希望をもたらす明るいニュースでもあった。関東版はもちろん、全国版でも扱われたほどで、駿輔や両親にはお祝いのメールや電話が殺到している。

駿輔本人が振り返る。

「あの試合はやっぱり、高校生活というか、自分の人生の中でも、一番でかいことだったと思います。これから大学へ、うまくいけばプロにと考えていたころに、あの甲子園で、9イニングを投げきって勝ったんですから」

一般紙、スポーツ紙に自分の記事が大きく掲載されたことも驚きだったという。

「ああいうのも、自分の人生ではそれまで一回もありませんでしたね。新聞に載る機会自体は、福島県の中ではちょくちょくあったんですけど。あんなに大きな写真が出たり、見出しになったり、すごかったです」

本当は、聖光学院を卒業したらすぐにでもプロに行きたかったのではないか。なぜ青学に進学しようと思ったのか。そう尋ねると、こんな答えが返ってきた。

「プロには行きたいです。もしかしたらすぐどこかの球団に採ってもらえるかも、という気もしたんですけどね。いまの身体じゃあ、まだ通用しないでしょう。その前に、大学の4年間で身体づくりをやって、いろんな経験を積んで、それから勉強もしっかりやって、自分をもっとレベルアップさせてからプロへ行こう、と考えました」

青学野球部の公式ホームページにも書いたように、「4年後のドラフト上位指名」を目指して、「1日も無駄にすることなく精進」していくというのだ。並々ならぬ決意が感じられた。

新体操インターハイ出場の母

鈴木が生まれたのは1998年6月、父・秀が28歳、母・三仁《みつに》が26歳のときだった。父の仕事の関係で出生地は北海道だが、3歳で東京都練馬区へ引っ越し、聖光学院の寮に入るまで都内で暮らしている。1歳下の妹、少し歳の離れた弟がおり、3人きょうだいの長男だ。両親はどちらも福島県出身で、このことが鈴木の高校進学に大きな影響を与えた。

秀は芸能プロダクションの社長で、池袋にライブスタジオを所有している。野球少年の父親にしては珍しく、本格的なスポーツ歴はまったくない。秀が言う。

「野球の経験はありませんけど、野球を見るのは好きです。広島カープのファンなんですよ。子供のころ、親に初めて買ってもらった帽子がカープの赤い帽子だったんで。いま、ぼくが芸能畑の仕事をしているものだから、お付き合いさせていただいているＯＢの方もたくさんいます。高橋慶彦《よしひこ》さんとか、デーブ大久保さんとか」

昔はハウンドドッグに憧れるミュージシャン志望の若者だった。いまでもギター、ベース、ドラム、キーボードと楽器は一通り何でもこなせるという。一時は息子にも楽器をやらせようとした、と秀は笑った。

「駿輔が小学校２年生のころ、ピアノを習わせていました。中学に進んでから、ギターを買ってやったこともあったな。結局、野球が忙しくなって、長続きしなかったけど」

そう語る秀は学生時代に一念発起、音楽で生きていこうと東北の大学を中退。東京に出てきてある大手芸能プロダクションに就職した。その後、クリスマスのイベントの仕事で訪ねたスポーツクラブで、妻の三仁と知り合う。身長１７０センチと秀より背が高く、スラッとしていてモデルかと思った彼女は、そのクラブのインストラクターだった。

秀とは対照的に、三仁は筋金入りの体育会系アスリートである。福島に住んでいた中学時代に新体操を始め、高校２、３年生でインターハイに出場し、オリンピックの日本代表選手を多数輩出している日本女子体育大学に進学した。大学では競技生活の傍ら、トレーニングや栄養学など、スポーツについて様々な勉強を重ねている。

さらに、三仁の育った家庭は、野球とも馴染みが深い。三仁の父、つまり鈴木の祖父が学校法人石川高校で野球をやっていたのだ。略称を学法石川といい、聖光学院が台頭する以前、春3回、夏9回の甲子園出場を誇った福島の伝統校である。

その父の兄の息子、つまり三仁の従兄も、学法石川で野球をやっている。3歳上の彼が高校2、3年生で2年連続甲子園に出場したときは、中学生だった三仁も父に連れられて応援に行った。初めて飲んだ袋入りの氷水、「かちわり」の味はいまでも忘れられない。

三仁が言う。

「私がそういう家庭に育ちましたから、子供ができたらスポーツをやらせよう、という話は生まれる前から主人としてました。男の子だったらやっぱり野球がいいなあと、夫婦でお互いの気持ちが一致したんですよ」

徹底的な食育

高松屋《たかまつや》翔音《かのん》のケースでも書いたように、男の子の場合、体格や身体能力の遺伝子は母親から受け継ぐ割合が多いといわれる。三仁は170センチの長身で、息子が自分より10〜15センチ以上伸びる可能性があることも大学で学んでいた。そこで、10代のうちは筋肉をつけて身体を太くするよりも、身長を伸ばすことを第一に考えた、と彼女は言う。

「身体の外を筋肉で覆ってしまったら、身体の中の骨が縦に伸びなくなると思ったんですよ。器械体操も、筋肉質で身体の固い選手は小さい子が多いでしょう。野球でも筋肉質でガタイのがっちりしてる子がよく試合に使われたりしますけど、私はそういうのは後回しでいい。背が高いことは絶対的に有利なんだから、高校まではウエートトレーニングなんかやっちゃいけない、と思いました」

とはいえ、男の子なら物心つくころ、誰でも筋骨隆々のカッコイイ肉体に憧れる。三仁も一度だけ、鈴木に食ってかかられた。

「なんで筋トレをやらせてくれないんだよ。みんなやってるじゃないか。おれ、お母さんを恨むよ」

三仁は懸命に言い聞かせた。

「もうちょっと待って、もうちょっと。高校を卒業してからでも、筋肉なんて勝手につくんだから。楽につけられるんだから。いまはとにかく背を伸ばすの、背を」

もうひとつ、幼少期から徹底させたのが、丈夫な骨をつくるための食育である。三仁は幼少期から、母の手料理だけで育てられた。冷凍食品やジャンクフードなど一切口にしておらず、炭酸飲料も新体操の現役選手だったころはほとんど飲んでいない。息子にもそういう食生活をさせようと、様々な天然の食材を買い集め、専門書や指導者から知識を吸収し、調理法や栄養のバランスを研究した。

「骨にいいのはやっぱりカルシウム分の豊富な煮干しですよ。そのまま食べられる煮干しがあるんですが、子供には不味《まず》くて食べられませんから、ミルミキサーで細かく砕いて、煮物やお味噌汁に入れました。そうすれば、主人や私、下の子も食べられますから」

豆乳も毎日飲ませた。スーパーやコンビニにある市販品ではなく、知人に教わった特別なパックを定期的に買い込んでいる。鈴木が野球の練習を終えると、20分以内にこの豆乳とおにぎりを与えるのだ。おにぎりの具は、クエン酸を補給できる梅干しだった。

焼き鳥屋で出てくるやげん軟骨も、成長期の骨に効果があると聞き、よく食卓に並べた。煮干しと同じようにミキサーにかけ、肉団子に入れたり、スープにして飲ませたり。

おひたしも、背を伸ばすにはホウレンソウと小松菜では効果が違うという。背を伸ばすには小松菜のほうがいいと言われると、それからホウレンソウより小松菜の割合を増やした。1歳下の鈴木の妹も、母のつくる食事に興味を持ったらしい。小中学校と成長するにつれて、子供なりにいろいろな知識を仕入れては、三仁に教えてくれるようになった。

三仁はこう強調する。

「助かりましたよ。そうやって家族みんなが協力してくれるから。とにかく、子供の身体にいいと聞いたことは何でもやりました。食事には合う合わないがあるから、何が自分の子供に合うかわからないでしょう。だからとりあえず、何でもやってみよう、と。やらないで後悔するのは嫌だったし」

その半面、三仁が身体に悪いと考えるものは、息子には口にさせなかった。とくに厳禁としていたのが炭酸飲料である。これが身体に与える悪影響については、彼女自身、新体操をしていた学生時代に痛感していたからだ。

「大学1、2年生のころ、朝から授業、夜中まで練習で、ヘトヘトに疲れてるときでした。つい炭酸がほしくなって、ちょっとでも飲んだら、もう息遣いが全然変わっちゃったんです。そういう状態が次の日も続いて、足も重いし、全然練習にならない。ああ、やっぱり炭酸はダメなんだと思いました」

以後、三仁は引退するまで、炭酸飲料を口にしていない。だから、息子にもそれを徹底させた。鈴木が言う。

「小中学校のころはとくに、炭酸は絶対ダメだって母親に言われてましたね。ハンバーガーやフライドチキンはふつうに食べてもよかったんだけど、炭酸には厳しかったです」

こうして、ほっそりしてはいるが、見た目よりも頑健な身体がつくられていった。

プロ野球大物OBからの助言

母の三仁が食育に情熱を注ぎ込む一方で、父の秀は芸能界で培《つちか》った人脈を使い、息子を指導してくれる野球経験者を探した。将来、甲子園やプロを目指すなら、できるだけ早いうちに優秀な実績を持つ球界人と触れ合ったほうがいい、と考えたのだ。現に、ゴルフやテニスの世界では、子供のころから英才教育を受けている選手が多いではないか、と。

最初に手ほどきをしてくれたプロの選手は、鈴木が3、4歳のころに出会った読売ジャイアンツの入来祐作《いりきゆうさく》だった。長嶋茂雄監督時代の主力投手で、先発とリリーフの両方で活躍していたころである。

三仁が入来のファンだったこともあって、入来は鈴木にも優しく接していた。自宅前の駐車場で三仁が鈴木にティー打撃の球出しをしていると、時々入来がやってきてあれこれアドバイスしてくれるのだ。入来はその後、球団の移籍やメジャーリーグへの挑戦などで鈴木とは縁遠くなったが、15年に福岡ソフトバンクホークスの三軍投手コーチに就任してからも鈴木のことは忘れていない。

次に、マンションの隣の部屋にいた社会人・日立造船有明野球部（1986年廃部）の元選手に野球を教わるようになった。熊本の秀岳館高校の前身の高校出身で、すでに現役を退いていたために時間に余裕があったのか、この元ノンプロの選手が週3回、近所の公園でキャッチボールやゴロを捕る練習の相手をしてくれた。秀が振り返る。

「駿輔が3、4歳から小学校に上がる前までぐらいでしたか。基本的なことはみんなその方に教わりました。教え方がお上手だったんでしょうね。野球経験のないぼくが見ても、駿輔が日を追うごとにうまくなっているのがわかりましたもん」

小学校に入学すると、１年生で地元の学童チーム、中村ウインズに入る。そのころにはもう、３、４年生に交じってキャッチボールがやれるほどになっていた。

秀はさらに、以前から知り合いだった髙橋慶彦にも、折を見て息子の練習を見てもらうようになった。髙橋は元広島の主力選手で、33試合連続安打の日本記録を持ち、ショートのレギュラーとして赤ヘル軍団の黄金時代を支えたスターのひとりだ。鈴木と出会ったのは、千葉ロッテマリーンズのコーチを務めていたころである。

このとき、鈴木の脳裡にはっきり刷り込まれたのが、髙橋に言われたこの言葉だ。

「野球をやるからには、目標を高く持つことが大切だ。日本のプロ野球に入ろうと思っているだけじゃ、プロ野球で終わる。しかし、メジャーリーグに行きたいと思っていたら、プロ野球は入って当たり前のところだ。駿輔の野球人生の通過点になるんだよ」

髙橋や秀と一緒に食事をしたとき、髙橋がロッテの教え子だった内野手・西岡剛《つよし》（２０１３年から阪神タイガース）を連れてきた。鈴木にとって、物心ついたばかりのころに会った現役のスタープレーヤーは、そこにいるだけでまぶしいほど光り輝いていた。

鈴木が振り返る。

「ものすごくカッコよかったです。ロッテでレギュラーのショートとして活躍されていたころですよ。小学生時代、西岡さんは一番の憧れの選手でした」

鈴木は小学3年生で東京中野リトルに入団し、本格的に野球に取り組み始める。

このころ、少年野球教室で指導を受けたのが、評論家をしていた元巨人投手・西本聖《たかし》である。左足を高々と上げる独特のフォーム、江川卓《すぐる》に激しいライバル意識を燃やしていたことで知られる古き良き時代の巨人のエースは、現役時代と同じ背番号26のユニフォームを着て鈴木の前に現れた。

この西本からも、野球人生において非常に重要な助言を与えられた。

「きみのように腕も足も長い子は、オーバースローじゃなく、ちょっと腕を下げて投げたほうがいい。そういう投げ方にすればボールにシュート回転がかかって、ナチュラルなシュートが投げられるからね」

以後、鈴木の投球フォームはスリークォーターへ変わった。聖光学院から青学へ進んだ今日まで、ナチュラルシュートも強力な武器のひとつになっている。

終生の師との出会い

小学5年になると、東京中野リトルに通う傍ら、大久保博元《ひろもと》が東京都内の自宅で開いた野球塾、デーブ・ベースボール・アカデミーに入った。ここでは大久保をはじめ元西武の犬伏稔昌《いぬぶしとしあき》ら、元プロの講師から長時間にわたって個人レッスンを受けることができる。

大久保は西武、巨人で現役時代を過ごしたのち、埼玉西武ライオンズに打撃コーチとして復帰した08年に渡辺久信《ひさのぶ》監督の下で優勝と日本一に貢献している。その後、主力選手のからんだトラブルで西武を解雇され、このときはまだ法廷で係争を続けていた。大久保はそうした経緯をすべて秀に打ち明け、秀も隠し立てしなかった大久保の人間性を信頼し、自分の息子をあずけることにしたのである。

こうして、鈴木はデーブ・ベースボール・アカデミーの塾生第1号となった。大久保による直接指導の効果が現れるのは、びっくりするほど早かった、と秀が振り返る。

「デーブさんに教わってほんの2週間ぐらいで、明らかに駿輔の打球が伸びたんですよ。それまで外野フライだったのが、ポンポンと次々にスタンドインするようになりました。うわあ、すげえや、と思いましたね。こんなにすぐ目に見えるほどの効果が出るなんて、やっぱりプロは違うなあ、と」

打撃に関しては代表の大久保が教える一方で、投球の指導は塾長の犬伏が行った。

西武での現役時代は二軍暮らしが長かったものの、捕手として15年間プレーしている。引退後も5年間、ブルペン捕手を務めていた経験から、ボールやフォームの良し悪しを見極める目なら持っていた。

鈴木の投球フォームにはこのころ、球種の違いがもろにわかる癖があった。真っ直ぐを投げるときは頭を振るのに、変化球のときは振らない。そこで、真っ直ぐも頭を振らずに投げるようにと、犬伏は鈴木に言った。

「呑み込みはよかったですね。最初のころはギクシャクしたフォームをしてましたけど、こうしてみれば、こんなやり方もあるよ、とぼくが言うと、だいたいすぐにできちゃう。あ、センスがいいんだな、と思いましたよ」

センスの有る無しは小学生でわかる。高松屋翔音や前田聖矢を指導した都筑中央ボーイズ監督、都築克幸と同じことを、犬伏もまた口にした。

鈴木が小学6年生になり、中学進学が間近に迫ると、秀はやはり元プロが指導しているチームに入れよう、と考えた。大久保の指導により、鈴木の打球の飛距離が伸びたのを目の当たりにして、息子をプロに入れるためには元プロに教えてもらうのが一番だ、という思いをますます強くしたのだ。

そこで秀が目をつけたのは、地元の練馬区ではなく、神奈川県川崎市にある麻生ジャイアンツボーイズである。会長は元巨人の主力投手で、現役時代も評論家としても理論派で鳴らしている桑田真澄だ。

会長が桑田で、テレビのドキュメント番組で紹介されていたこともあり、セレクションには大勢の小学生と保護者が集まった。25人の枠に対して、３００人もの応募があったという。それほどたくさんの親子連れを前に、桑田はこんな挨拶《あいさつ》を行った。

「これから3年間、ウチで学ぶことは、高校へ行くまでの準備だと思ってください。野球の練習やトレーニングはもちろん、基礎知識を身につけ、集団生活を送るための礼儀作法などもきちんと覚えてもらいます。バットやグラブを大事にしたり、親や周囲の人に感謝したり、そういうことも学んでほしい」

さらに、こう付け加えた。

「だから、ウチのチームは弱いです。練習は合理的にやるので、4時間程度です。根性や精神論でお子さんたちを鍛えるということはやりません。ですから、勝ちたい人、勝てるチームに入りたい人は、どうぞほかのところへ行ってください」

秀は感銘を受けた。なるほど、プロ野球経験のある指導者とはこうでなければならない。練習はあくまでも効率よく行う一方で、子供の教育に最も大切な躾《しつけ》まできっちりやってくれる。何としても息子を入れてほしいという願いが通じたのか、鈴木は無事合格した。

実際に麻生ジャイアンツに通い始めると、桑田ら指導者の教育は実に厳しかった。挨拶や言葉遣い、用具の手入れから靴をぬぐときはきちんとそろえておくことまで、非常に口やかましく言われる。

怒鳴られたり、手を出されたりすることは一切ない。桑田はそもそも、体罰に関しては根絶を訴えているほどだ。そんな麻生ジャイアンツに通っているうち、鈴木は野球の力や技術が向上しただけでなく、性格面でも大きな変化を見せた。

三仁が言う。

「しっかりしてきたというのか、ずいぶん変わりました。駿輔は小学生のころまで、結構やんちゃなところもあって、よくケンカしてたんです。ちょっと度が過ぎて、私が学校に呼び出されたこともあったぐらい。それが中1でピタッと収まったんです。桑田さんのところに通うようになってから」

この麻生ジャイアンツで、鈴木は終生の師とも言うべき打撃コーチに出会う。元西武の野々垣《ののがき》武志《たけし》だ。彼の指導により、鈴木の打撃力は飛躍的な成長を見せた。

野々垣はいったい、鈴木のどこをどのように変えたのか。野々垣本人が言う。

「駿輔は生まれつき器用なものだから、教えられたらすぐに何でもできるんです。でも、この器用さがくせもので、打撃で言えば全身を使って打たなくても、手先だけでヒットが打ててしまう。ぼくが見たときの駿輔はちょうどそうなりかけているところでした」

このままにしておいてはいけない、と野々垣は思った。いまのうちに足腰をしっかりと使った打ち方を覚えさせないと、器用貧乏の選手に終わってしまいかねない、と。

「そこで、下半身主導で打つように教えたんです。下半身の回転でバットを引っ張り出すんだと。まず、バットを構えたとき、上半身の体重が自然に股関節に乗っている形をつくります。次に、下半身から始動し、身体を回して、腕とバットが下半身の回転に引っ張られて出ていく。そういう打ち方です」

口や文字で説明するのは難しいが、野々垣は鈴木にバットを構えさせ、手で修正を加えながら辛抱強く教え込んだ。鈴木が野々垣の指導を理解するのに、それほど時間はかからなかったという。

「たぶん、駿輔とぼくはフィーリングが似てたんでしょう。野球選手として伸びるかどうか、生まれつきセンスがあることも重要ですが、それだけではやはり足りないんじゃないかな。波長や考え方の合う指導者と巡り会うことも大切だと思いますよ」

まあ、自分が駿輔にとって本当にそういう指導者なのかどうかはわかりませんが。そう付け加えて、野々垣は照れ笑いを浮かべた。

鈴木はその後、自分の打撃にほんの少しでも狂いが生じると、野々垣に電話で相談するようになった。そのたびに、鈴木が自分では気づかなかった修正点を、野々垣がきちんと指摘してくれるのだ。鈴木が言う。

「バッティングは野々垣さん、ピッチングは犬伏さん、このおふたりに教えられたことはいまでも大きな財産になっています」

もうひとつ、秀は総合格闘家・山本ＫＩＤ徳郁《のりふみ》にも鈴木の指導を依頼していた。体幹を強化し、関節の可動域を広げるトレーニングである。これがより速い球を投げ、より遠くへ打球を飛ばすことにつながるはずと考えたのだ。

ここまでに鈴木が指導を受けたのは、野球の元プロが８人、元社会人が１人、格闘家が１人。秀が鈴木の野球教育に投じていた出費は、月に15万円にも上っている。

仲間の代表として投げる

聖光学院に行くことは、鈴木自身、小学５年生のころに決めていた。秀が言う。

「ぼくも妻も福島出身で、実家から車で10分ほどのところに聖光があるんですよ。毎年、正月はその実家に帰るじゃないですか。そうしたら、駿輔がグラウンドに行ってみたいと言うもんですから」

そのころ、聖光の２文字が入った移動用のバスの前で撮った写真がある。指先まで伸ばした気をつけの姿勢で、父の構えたカメラに収まった鈴木の顔は、すでに聖光の野球部員になっているかのようだ。

聖光のセレクションを受け、スポーツ特待生として入学することが決まると、その年の書き初めに「聖光で一番」と書いた。中学では麻生ジャイアンツで一番になることを目標にやってきた。高校ではレギュラーになり、甲子園に出るのはもちろん、「聖光で一番」と認められる選手になりたかった。

しかし、当時の鈴木にはまだ、中心選手となるために必要なものが欠けていた。監督の斎藤智也がこう指摘する。

「ウチに来たころの駿輔は、自分のことしか考えられない人間でした。チーム全員に信頼されるような選手ではなかったんです。とくに、ピッチャーをやらせたら、周りが見えなくなる。独り相撲を取り始めて、無茶苦茶力んでフォアボール出して、あげくに試合をぶち壊しにしてしまう。そんなだから、私もほかの選手たちも、何をひとりでいきがってやってんだ！　となるわけですよ」

小さいころから元プロの指導を受け、思い上がっていた部分があるのだろうか。要するに、テングになっていたので扱いかねた、ということか。そう問うと、そういうこととはちょっと違う、と斎藤は言った。

「駿輔はクソ一生懸命なんです。いつも一生懸命練習して、一生懸命力をつけたい。そこは純粋なんですよ。純粋そのもの。周りを見下したりはしないし、不良とか非行の傾向があるわけでもない。ただ、自分で自分を許せなくなると、手がつけられなくなるんだな」

一拍置いて、斎藤が続ける。

「ウチで野球をやるというのは、みんなで力を合わせようぜ、みんなで勝とうぜ、みんなで人間的に成長しようぜ、ということなんだよ。そこを理解するのに、駿輔は時間がかかったね。少し気づくのが遅かった」

２０１６年、投手として力も自信もつけていた3年生の7月、斎藤は福島県大会で一度も鈴木を登板させていない。5月に右足首靱帯を部分断裂していたことが直接の原因だが、それだけではなかった。独り相撲を取る鈴木をエースに据《す》えても、チームがまとまらないことが目に見えていたからだ。

甲子園の県予選を控えた6月、東北大会で投手に復帰したいと考えていた鈴木が、斎藤の許可を得ずに、外野で遠投を始めた。このとき、斎藤はほかの選手がいる前で、こう怒鳴りつけている。

「おまえ、おれはピッチャー練習なんて許可してねえぞ！　野手の練習をしっかりやれ！　何、カッコつけて、キャッチボールなんかやってるんだ！　ふざけるな！」

鈴木も言い返した。

「いや、肩の状態を確かめたくて」

「だから、いま確かめてんじゃねえ！　ピッチャーでは使わねえんだから！　野手としてやるべきことをやれ！」

あのころは、何度そんなふうに鈴木をどやしつけたかわからない、と斎藤は言う。一方で、鈴木をこう諭すことも忘れなかった。

「おまえがピンチになっても、内野手は誰もマウンドに行かねえだろ。勝手にやってろって、みんながシラケてるよな。おまえがそれだけ、信頼されてないからなんだよ。エースはただ試合に勝ちゃいいってもんじゃない。おまえなら大事な試合を任せられる、おまえとなら心中できると、みんなにそう思われるぐらいでなきゃいかん」

そこまで信頼される投手になるには、まず自分が投手を気遣わなければならない。しっかり守るから、バックを信頼して思い切って投げてくれと投手に伝え、その言葉を信じてもらえるぐらいでなければならない。

鈴木はやがて、外野の守備位置につく前、マウンドで投手に声をかけるようになった。最初のうちはぎこちなかったが、次第に自分を見つめる選手たちの視線が和らいできたのを感じた。鈴木が言う。

「聖光に来てから、自分は仲間の代表として投げてるんだという意識を持つことができるようになりました。自分より、バックの仲間を負けさせちゃいけない。監督にも言われた通り、野球の技術だけうまければいいというもんじゃないですから。聖光では、そういうことを学ばせてもらったと思います」

いくつかの大学から誘いがあった中、鈴木は両親と話し合い、あえて東都大学リーグの2部の青学へ行くことに決めた。ほかの大学が野手一本で起用したい意向を示していたのに対し、青学監督の善波だけが二刀流を継続してもらいたい、と明言したからだ。

そう考えた理由を、善波が明かす。

「駿輔が中学時代に通っていた麻生ジャイアンツ、あそこにはウチの息子もいたんです。そのころから駿輔を見ていて、おっ、これは面白い選手だな、と思ってたんですよ」

鈴木をはじめ、大学や社会人へ進む選手は卒業するまで練習を続けている。16年11月、私は福島県伊達郡桑折町の聖光学院のグラウンドへ足を運んだ。鈴木ら引退する3年生チームと2年生の新チームの壮行試合を見るためだ。3年生のチームで先発のマウンドに上がったのは鈴木だった。

初回、先頭打者にセンター前ヒットを打たれると、自らの四球と暴投がらみでたちまちピンチを招く。すぐさま捕手や内野手がマウンドに集まり、鈴木に声をかけた。みんなが何と言っていたかはわからない。ただ、鈴木は確かに、3年かけてチームの一員になったようだ。

第5章　親の愛とプロの壁
古澤勝吾

松田宣浩の後継者と言われて

福岡ソフトバンクホークスの古澤勝吾《ふるさわしょうご》は、２０１７年の秋、入団して3年目のシーズンをほとんど三軍で終えようとしていた。

三軍では、巨人の三軍、広島や阪神の二軍に加え、大学、社会人、韓国プロ野球のファーム、独立リーグの四国アイランドリーグｐｌｕｓのチームと、年間約60試合が組まれている。古澤はそのうち40試合以上にスタメンで起用され、セカンドやサードを守り、2番や3番を打っていた。球団と首脳陣が古澤をどんなタイプの選手に育てようとしているのか、ある程度察せられる使い方だ。

しかし、古澤の打率はこの年、2割台前半にとどまっている。時々チャンスを与えられていた二軍の試合でもヒットが打てず、打率はわずか1割2分。

1年目の15年の成績は二軍のウエスタン・リーグで58試合出場し、１５４打数31安打、打率2割1厘、1本塁打、19打点。2年目の16年は64試合、１６８打数37安打、打率2割2分、0本塁打、9打点。この年はシーズンオフの11、12月、台湾で開催された「２０１６アジア・ウインター・ベースボール・リーグ」にもウエスタン選抜の一員として参加した。18試合に出場し、51打数14安打、打率2割7分5厘、1本塁打、14打点、3盗塁とまずまずの成績を残している。

期待されていないわけではない。サードのレギュラーを務めるスター選手、松田宣浩《のぶひろ》の後継者候補のひとりだと、球団の広報担当は語っている。「マッチ」という愛称で呼ばれる松田は、勝負強い打撃と明るいキャラクターでファンの人気を博し、14年に選手会長にも就任、いまやソフトバンクの顔と言ってもいい。試合後、ヒーローインタビューのお立ち台で「1、2、3、マッチ！」、「熱男《アツオ》ー！」と絶叫するパフォーマンスは、他球団のファンの間でも有名だ。

同じ滋賀出身であることから、松田も古澤には目をかけているらしい。毎年1月にグアム島で行っている自主トレに、16年から古澤を連れていくようになり、様々な助言を与えている。同じ年のシーズンオフに滋賀県長浜市で開催された少年野球教室では、子供たちや報道陣の前で古澤にこんなふうに発破をかけた。

「目標を聞かれたら、おれからポジションを奪うって言わんかい！　それぐらいの気持ちでやらんとあかん！」

そう言われた途端、直立不動になり、声を強張らせて、古澤は答えた。

「はい、頑張ります」

そう殊勝に答えるしかなかったところに、古澤の置かれた立場が如実に現れている。

古澤は入団してから3年間、一度も一軍に昇格していない。17年はキャンプの前に痛めた肘の故障もあり、プロ生活で最悪の成績に終わった。

こんなはずではなかった。プロの壁は想像以上に高く、厚い。そう痛感しているのは、ほかならぬ本人である。ソフトバンクが毎年キャンプを行っている宮崎市の生目《いきめ》の杜《もり》運動公園で、古澤に話を聞いた。

「壁はありますね、やっぱり。プロに入る前から、自信はずっとあったんですけど、その自信もだんだんと、ねえ。自分より上の人のバッティングを見てると、こんなに飛ばす？　そこまで行く？　みたいな感じで、とにかく圧倒されることが多いんで」

それでも、キャンプで練習をしている古澤の姿は元気そうで、声もよく出ている。自分で言うほど、めげているようには見えない。そう水を向けると、照れ笑いを浮かべた。

「そうですか？　いまは前向きに考えていかないと、前向きに。気持ちだけでもそういうふうにしていないと、絶対にこうなるから」

そう言って、右手を下げ、落ち込むことを示す仕草をしてみせる。

「こんなになってへこんだら、100パー、やめてますよ。結果が出なくて、気持ちまでへこんだら、もう終わりです。ちょっとでも上にいこう、ここで負けんとこう、負けんとこう、というのは、いつも思ってますね」

負けんとこう、負けんとこう。私の質問に答えるというより、自分に言い聞かせるように、古澤はその言葉を繰り返した。

威勢がよかった入団会見

ドラフト３位で指名された２０１４年秋、福岡の九州国際大学付属高校３年生の古澤は、プロに将来を嘱望される存在だった。

右投げ右打ち、１７７センチ、79キロと、体格はそれほど大きくなかったが、高校では３番・ショートとして活躍し、３年生で夏の甲子園に出場している。50メートル６秒フラットの俊足、高校通算27本塁打と、スピードとパワー、瞬発力と長打力を兼ね備えた内野手で、体格以上に大きな伸びしろがあるものと期待されていたのだ。

九国大付には全12球団のスカウトが視察と挨拶に足を運び、獲得の意思を示している。ソフトバンクの３位という指名順位も、契約金５０００万円、年俸６００万円という条件も、古澤の将来性と潜在能力に対する評価の高さをうかがわせた。

北九州市内のホテルでソフトバンクと最初の交渉を持ち、入団に合意した直後、両親、九国大付の監督だった若生正廣《わこうまさひろ》と、金屏風の前で初めて記者会見に臨む。目標を聞かれると、こう宣言した。

「プロでやるからには、上を目指してやっていきたいです。日本を代表するようなプレーヤーになりたい。将来はメジャーリーグとかも考えてます」

どんなタイプを目指しているのか、という質問には、ソフトバンクの先輩となる松田、ショート・今宮健太に加え、当時ロッテの主砲だった井口資仁《ただひと》（18年からロッテ監督）の名前を挙げている。

「松田さんの打撃力、今宮さんの守備力を身につけたいですね。それで、井口さんのような、というか、井口さんを超えられるような選手になりたい」

古澤はさらに、サッカーの日本代表ＦＷ・本田圭佑《けいすけ》への憧れを口にした。

本田はこの14年からイタリアのセリエＡ・ＡＣミランに移籍、背番号10をつけてプレーしている。ミラノで行われた入団会見で、本田はこう語っていた。

「12歳のとき、セリエＡでプレーしたいと小学校の作文に書きました。背番号10をつけたいんですと。本当にここに来たかったし、10番がほしかったですから」

古澤は、そんな本田のセリフを自分の子供のころと重ね合わせ、こう語った。

「ぼくも野球を始めた小学生のころ、将来の目標はプロ一本だと言ってましたから。周りに笑われても、何と言われても」

その会見で、本田は「リトル・ホンダ」という言葉を発している。イタリアの記者に、移籍先としてＡＣミランを選んだ本当の理由は何か、と聞かれたときだった。

「心の中で、私はリトル・ホンダに聞いたんですよ。『どこのクラブでプレーしたいんだい？』

と。そうしたら、『ACミランだ』とリトル・ホンダが答えてくれた。そんな経緯があって、ここに来たわけです」

この言葉を持ち出して、古澤は笑った。

「もしかしたら、ぼくの心の中にもリトル・ショーゴがいますかね」

これからプロ野球に挑戦しようとしている18歳の古澤にとって、世界を舞台に活躍する本田は、言うこともやることもすべてが最高のお手本だった。

「本田さんは試合でもフリーキックのとき、味方からでもボール奪って決めようとするでしょう。ああいうところは最高ですね。やることがカッコイイし、言うこともでっかい。ぼくもこれからは、そんなこと言ってほんまにできるんか？　って、そう思われるようなことを言って、自分にプレッシャーをかけてやっていきたいです」

先輩の松田に「おれからポジションを奪うと言わんかい」と発破をかけられ、直立不動で「頑張ります」としか答えられなかった古澤も、入団が決まったばかりのころは、これほど威勢がよかったのだ。

「自分を過大評価している」

古澤が伸び悩んでいる原因はいったい何なのか。２０１７年まで二軍監督として指導していた水上善雄《みずかみよしお》に聞いてみた。

「やはり、古澤自身に高校時代にすごく打てていたというイメージがあって、それをなかなか捨てきれなかったようですね。1年目にバットが金属から木になって、まったく感触が変わった。プロは二軍や三軍の投手でも、140キロを超える直球、高校よりもキレのある変化球を投げてくる。そういうレベルの違いに戸惑って、対応できないでいるうちに1年目が終わってしまった」

古澤が痛感させられたプロと高校のレベルの違いは、どのぐらいの開きがあったのか。

「極端な話、高校では金属バットの先っぽに引っかけただけでも、古澤ならホームランにできたでしょうね。それが、前に飛ばすことすらなかなかできない。それぐらい大きな差を感じていたと思います」

2年目には、当時、二軍打撃コーチだった藤本博史《ひろし》、三軍打撃コーチだった佐々木誠が打ち方を変えるよう、古澤に指導する。長打は狙おうとせずにミート中心で、スイングはコンパクトに、確実にヒットを打てる打撃に徹しろ、と。

水上が続ける。

「そうしたら、古澤はあっという間にできたんです、そういうバッティングが。それで、あっ、この子、ちゃんと教えてやればちゃんとできるんだ、とわれわれも思った。でも、しばらく試合で打てないと、また高校時代のバッティングに逆戻りしてしまう。そこで、藤本コーチや佐々木コーチがまた同じことを言って聞かせるわけですよ。2年目はもう、ずっとその繰り返しでした」

では、守備はどうだろう。そう尋ねると、水上はさらに難しい顔をした。

「正直、二軍の中でもうまいというレベルではないです。彼より上手な選手ならたくさんいますよ。守備で一軍に行こうと思ったら、まず二軍で一番にならなければならないんだけど、まだそこまでにも達してません」

古澤が守備で抜くべき存在として、水上は曽根海成《そねかいせい》という選手の名前を挙げた。古澤の1歳上で、13年秋の育成ドラフト3位で京都国際高校から入団している。チームにおける立場は支配下選手である古澤より下だったが、17年のシーズン中に支配下契約に切り替わり、古澤よりも早く一軍に昇格した。

「古澤は自己評価を間違えています。いや、それ以前に、まだ自己分析ができていないと言ったほうがいいでしょうか」

そう厳しく指摘したのは、17年に三軍打撃コーチから三軍監督に昇格した佐々木だ。

「はっきり言うと、いまの古澤は自分を過大評価しています。目標はウチの松田や西武の浅村栄斗《ひでと》だそうですが、彼らと古澤ではまったくタイプが違う。もう一度しっかりと自分を見つめ直して、高過ぎる自己評価を改めるべきなんです。そういうところから出直したほうが、違ったタイプの選手として伸びるんじゃないかな。逆に言えば、いまのままではこの世界で生きていけないということです」

古澤は現状を、「壁」にぶつかっていると表現した。だが、佐々木に言わせると、まだそれ以前の段階だという。

「壁になんかぶつかってないですよ、彼は。壁というのは、自分の進むべき道がわかっていて、乗り越えるべきものが見えている選手の前にあるものでしょう。彼はまだそこまで行ってない。壁にぶつかる手前で、自分の殻《から》を破れなくてもがいている状態ですから」

そうした首脳陣の助言は、すべて正しいのだろう。結果が出ていない以上、彼らに言われる通り、自分を見つめ直すべき時期に来ているのかもしれない。

しかし、古澤がドラフトで指名されたのはそもそも、高校生としては抜きん出た打撃力を買われたからだったはずだ。だからこそ、プロから引く手あまたの評価を受けたのではないか。若くして開花し、輝かしい未来を約束してくれたはずの稀有《けう》な力がいま、プロでは通用しなくなっている。

かつての天才球児は、この現実にどう立ち向かえばいいのか。ここまで古澤を育てた親なら、この現状をどう考えるのだろうか。

父は野球、母はバレーボール

古澤勝吾は１９９６年９月、琵琶湖の北、滋賀県の木之本《きのもと》町に生まれた。73年生まれの父・智規が23歳、75年生まれの母・波留美が21歳のとき、結婚２年目で初めて授かった子供である。２歳下には妹がいて、２０１７年から東京の４年制大学に通う女子大生となった。

現在は長浜《ながはま》市に編入されている古澤の実家を訪ねたのは、彼が台湾のウインターリーグに参加していた16年11月下旬、抜けるような青空が広がる秋晴れの日の午後だった。東海道新幹線で東京から米原《まいばら》駅に行くと、駅からかなり遠いからという理由で、智規が自家用車で迎えに来てくれた。白いベンツＥ２４０で、ナンバープレートには5がひとつだけ。

「この車は勝吾が高校へ進学するとき、ちょっと奮発して買ったんですよ。ボーイズではサードでしたから、高校でも絶対にサードで活躍するものだと思って、ナンバー5にしたんですわ。そうしたら、高校に入った途端、監督にショートへコンバートされてね」

そう言って照れ臭そうに笑った智規は１８４センチで、身体に厚みもあり、長男の古澤より一回り大きい。生まれも育ちも長浜で、古澤建設という小さいながらも自分の会社を経営している。大手の建設会社に5年勤めて修業を積んだのち、早くも25歳で自分の会社を興したというから、若いころから独立心が旺盛《おうせい》で行動力のある人物なのだろう。

そうした気性は父、つまり古澤の祖父から受け継いだものらしい。祖父は本業の傍《かたわ》ら、白鷺《しらさぎ》スポーツ少年団という野球チームを創立し、自分の息子はもちろん、親戚や知り合いの子供の面倒もよく見ていた。そんな親の下で育ったため、智規も、2歳上の兄とともに幼いころから野球に親しんでいたという。

「野球は大好きでした。自分で言うのもなんですけど、結構うまかったと思います」

そのころから大柄で目立つ存在だった智規は、中学時代に大人たちの間で評判になり、地元の強豪校から誘われる。とくに熱心だったのが、1981年夏に甲子園初出場を果たした近江高校だ。が、先に伊香《いか》高校に入っていた兄から、おまえも伊香高へ来い、近高なんかやめておけ、と強く勧められる。

当時、滋賀ではまだ私立より公立が強く、世間の評価も高かった。私立の近江はいまでこそ、夏12回、春4回の出場を誇る甲子園の常連となっているが、智規を誘っていたこのころはまだ夏1回だけだった。

一方、公立の伊香高は春2回、夏3回、甲子園に出場、ドラフト2位で巨人に入団した西村高《たか》司《し》というOBもいる。そういう名門校へ来い、と兄に言われて、大して深く考えもせずに同意してしまったのだ。これが大きな失敗だった、と智規は言う。

「伊香高の野球部は、ぼくが子供のころから一緒に野球やってた人たちが多かったんですよ。みんな、昔からよく知ってる遊び友だちばかり。それが、いざ高校の野球部に入るとなると、挨拶《あいさつ》や言葉遣いをきちんとせえ、と言われましてね。どうしてもそういうことができなかったんです、ぼくは」

体育会特有のしきたりに息苦しさと反発を覚えた智規は、「伊香高に行っても野球部には入らない」と宣言する。意地を張る智規に兄も野球部の監督も根負けし、説得を諦《あきら》め、ここで野球との縁が切れた。

その後、大人になって草野球をやっていると、周りの友だちから「やっぱりセンスあるな」「高校で続けてたら絶対に化けてたぞ」などと言われた。そんなときだけ、なぜ高校の野球部に入らなかったのか、あんな意固地《いこじ》になって拒絶してしまったのか、という思いが胸をよぎった。

「正直、思うんですよ。野球を続けてたら、ぼくもそこそこいいところまで行けたかもしれないって。でも、そうしたらいまの嫁さんにも出会ってないし、勝吾もいないわけですからね。人生に後悔はありません。いまの自分には、家族がいてくれますから」

そういう言葉からもわかるように、智規の家族に対する愛情は深く、強い。妻・波留美とは、彼女が高校生だったころに知り合い、卒業したら結婚しようと決めていた。智規と気が合ったのは、波留美も当時からスポーツが好きで、熱心だったからだろう。

波留美は中学時代まで、バレー部のエースアタッカーだった。高校でも主力として期待されていたが、途中で部活動とともにバレーそのものをやめている。進学校だったため、バレー部の方針も実力より年功序列重視で、後輩より力が劣っていても、先輩だというだけで優先的に試合に使われていた。そのことに反発を覚えて、退部してしまったのだ。そういうところも智規に似ていた。

「ぼくたち夫婦には、若いころに好きなスポーツで燃え尽きることができなかったという思いがあるんです。もっとできたのに、最後は中途半端な形でやめてしまった後悔というか。だから、子供が生まれたら絶対にスポーツをさせよう、と決めてました」

そんなふたりの間に、男の子の勝吾が生まれた。スポーツをやらせるなら、野球以外にはあり得なかった。

「こいつは本物や」

智規の教育は、まず躾《しつけ》から始まった。これから厳しい世界に入っていくのだから、すぐ泣くような子供では困る。古澤が1歳のころから、泣き出すたびに「泣くな!」と大声で叱りつけた。そうしたら、当然、子供は余計に大声をあげて泣くのだが。

「ときには、泣きやむまでトイレに閉じ込めたりもしました。そうしたら、だんだん泣かなくなったんです。小学校に上がったころには、喧嘩しようが、何か言われようが、絶対泣かん子になってた」

そんなふうに智規が厳しかったぶん、波留美は古澤に優しかった。昔から子供好きで、親戚や友だちの子供を可愛がり、早く自分の子供を持つことが夢だった彼女は、いざ古澤が生まれると、1分でも1秒でも長く古澤と一緒にいたがった。古澤を保育園や幼稚園にも入れたくない、大きくなるまでは自分も仕事に行きたくないと言い張り、智規を困らせるほどだったという。

智規が野球を教え始めたのは、古澤が３歳のころだった。子供用の軽くて小さなプラスチック製のバットを握らせ、智規がピンポン球を投げては打たせる。そんなティー打撃の真似事からスタートして、徐々に野球用具を使うことに馴染《なじ》ませていった。

木之本小学校の２年生になったとき、古澤は地元の少年野球チーム、木之本球友クラブに入団している。古澤によると、このチームを選んだのは本人の意思だった。地元で本格的に野球をやれるところはここしかなかったのだ。入ったときはサードで、レギュラーを取る自信もあった。

しかし、これが智規には面白くなかった。

「球友クラブって、ウチの父親がやっていた白鷺スポーツ少年団のライバルだったんですよ。というより、敵ですね。そういうところに自分の息子が入って、親だから応援もしなきゃいけなくなったわけです。それがどうにも納得できなくてねえ。ぼくはしばらく、横向いてました」

横を向いていた、とは智規独特の表現で、要するに、わが子への野球の指導をまったくしなくなってしまったのだ。いったんこうと決めたからには、伊香高の野球部に入らなかったときのように、誰に何と言われようとも絶対に折れないのが智規の性格である。

野球の練習や試合がある日は、妻の波留美が車を運転し、古澤の送り迎えをした。それだけでなく、出かける前に自宅の庭で古澤を相手にノックまでしていたという。ノックをした経験があったのですかと尋ねると、波留美は笑って首を振った。

「いや、私、ノックとか、したことなくて。最初は当たらないんですよ、ボールがバットに。めっちゃ腹立つわあ、と思ってね。私も練習しました。そうしたらだんだんと当たるようになったんです。この子にこのボールを捕らさないかん、もっと上手にしてあげないと、そういう気持ちがあったんで、ノックできるようになったんでしょうね」

そうした話とは裏腹におっとりした女性のように見える波留美が、こう続ける。

「そのときは、ウチの子やったらレギュラーいけるわ、と思ってました。親の事情で満足な練習をさせてあげられなくて、そのせいでレギュラー獲れんかったら申し訳ないしね」

母親である以上、息子に十分な栄養を摂らせることも忘れなかった。近江牛、鰻《うなぎ》、ジャガイモなど、選《よ》りすぐりの食材を購入するのに1日だけで5000円もかけている。智規が「そこまでお金を使わなくても」と言っても、今度は波留美のほうが譲らなかった。

そうこうするうちに2年が経ち、小学4年生になった古澤が新人戦に出ることになる。智規にとって、息子の生まれて初めての公式戦で、しかもレギュラーとして出場するのだ。波留美に試合の場所と時間を教えられると、智規はもう居ても立ってもいられなかった。

しかし、だからといって、いきなりグラウンドへ足を運ぶのは躊躇《ため》われた。練習にすら一度も行ったことのない自分が突然顔を出したら、古澤がびっくりするだろう。ほかの子の保護者の手前、バツが悪くもある。

そこで、グラウンドに程近い田んぼのそばに車を停め、運転席からこっそりと試合を見守った。智規が振り返る。

「あのときのことは忘れもしません。勝吾がいきなりホームランを打ったんです。それはもうどでかい一発でね。びっくりしました。ええーっ、まだ小４でこんなバッティングができるんかと」

一発だけではまぐれの可能性もある。新人戦は翌日も行われる予定だったので、智規はまた見に行った。その父親の目の前で、古澤はまた本塁打を放ったのだ。

「こいつは本物や。モノになるんちゃうか。そう思いました」

明くる日から、智規は「チチロー」になった。メジャーリーガーのイチローがまだ幼かったころ、毎日朝早くからランニングをさせ、バッティングセンターに連れていっては打撃練習をさせていた父親のように。

「勝吾が生まれたときから、チチローになりたかったんですよ。おれもあれぐらいやらないかん、と勝吾のホームランを見て、改めて決心したんです」

すべてを息子に賭けた父

智規は古澤が生まれた2年後、25歳で古澤建設を興していた。自営業者なので、勤め人より息子の練習につきあう時間をつくることは容易《たやす》い。まだまだ若いから十分スタミナもあり、身体も動く。智規は張り切った。

古澤が小学校の授業、球友クラブの練習を終え、午後3時ごろに帰ってくると、着替えや簡単な食事を済ませた30分後、智規は古澤を車に乗せてバッティングセンターに連れて行った。智規が仕事で3時半までに帰宅できないときは、小学校のグラウンドを5周以上走り、素振りを50回やっておくようにと古澤に命じている。

すべての練習が終わったら、もう夜の9時か10時だった。波留美の方針で、10時までには必ず古澤を就寝させることになっている。その時間までにしっかり練習をさせなければならない。智規は必死だった。

「勝吾を大成させるには、1分1秒でも無駄にできん、と思ってました。いまの1分1秒のロスが、勝吾の将来に響くんやから」

古澤自身はまだ遊びたい盛りだ。たまには父に泣きつかないではいられなかった。

「ほかの家の子はみんな遊んでるよ。ぼくだってポケモンをやりたい」

古澤にそう言われるたび、智規は容赦なく怒鳴りつけた。

「あかん、練習しろ！」

古澤は小学５年生から投手も兼ねるようになった。そうなると、捕手として投球練習の相手をするのも、当然智規の役目だ。古澤が試合で打たれたり、そのせいでチームが負けたりすると、智規はまた叱り飛ばした。

「試合が終わって、グラウンドから出たら駐車場で説教。車に乗せたら、そこから家まで帰る間、また説教です。何だかんだで1時間半ぐらい怒ってましたね。ぼくの主義というか理論というか、ミスが出たらその日のうちに原因を確認する、原因がわかったらきちんと反省すると、そこまでやらな、絶対ダメやと思ってましたから」

説教で済めばまだ生やさしいほうだった。古澤が試合で看過できないほどの失敗をすると、智規は車に乗せず、歩いて帰らせたこともあった。古澤自身が振り返る。

「あのときは、球場から家まで10キロぐらいはあったと思います。泣きながらトボトボと歩いて帰ってたら、運よくほかの子の親が車で通りかかって、乗せていったろかと言ってもらえたんです。命拾いをしました」

これほど厳しく鍛えられた甲斐あってか、古澤は確実に力をつけていった。木之本中学校へ進学するころになると、古澤は自ら「ボーイズリーグに行きたい」と言い出した。そんなことを言う子供の存在自体、木之本町という地域では珍しかった。智規が言う。

「中学で野球をやるんなら部活で十分やと、このあたりはそういう家庭がほとんどです。わざわざボーイズリーグなんてお金のかかるところに入れると、あそこの親は何を考えているのかと、周囲に変な目で見られるぐらいでね。まあ、田舎なんですよ、要するに」

そんな空気は、古澤本人も子供ながらに薄々感じていたという。が、このときは古澤のほうから智規にこう訴えた。

「早く硬球に触りたいんや。高校に行く前、中学生のうちに」

古澤はすでに、中学の先の高校、その先の将来をも見据《みす》えていたのだ。本人が言う。

「中学の野球部は軟式でしたからね。高校に行ったら甲子園に出たかったんで、そのためには中学から硬式のボールを触っておかないといけん。高校で初めて硬球に触ってるようじゃ遅いと思ったんです。強い高校は競争も激しいし、そのころにはもう、できたらプロに行きたいという考えもありましたから」

古澤の家から通うことが可能なボーイズのチームは2つしかなかった。琵琶湖《びわこ》の南端に位置する大津瀬田《おおつせた》レイカーズ、北端の湖北《こほく》ボーイズだ。瀬田は車で２時間かかるが、湖北なら車で20分から30分で通える。

しかし、毎日のように古澤を送り迎えしなければならないうえ、夜も自宅の庭で行う個人練習につきあうとなると、いかに自営業とはいえ仕事との両立は難しい。そこで智規は、右腕と頼む会社の部下にこう頼み込んだ。

「おれ、勝吾が中学生の３年間、仕事は二の次にするわ。仕事はおまえに任したる。おれはこの３年間、すべて勝吾優先や。二兎を追う者は一兎をも得ず、やからな。わかってくれ」

古澤を湖北ボーイズに送り迎えする傍ら、智規は古澤を通わせるバッティングセンターを変えた。長浜市には軟式のマシンしかないので、硬式のある彦根《ひこね》市まで足を伸ばしたのだ。その彦根市のバッティングセンターには家から車で片道45分、長浜市の施設まででも片道30分はかかるという。智規はその道程をほぼ毎日、古澤が小学４年から中学３年までの６年間、車に乗せて通い続けた。

私をベンツに乗せて新幹線米原駅から長浜市の家に向かっている最中、智規は古澤が昔通っていた小学校、中学校、それにバッティングセンターの近くを通った。秋晴れの下に広がる長閑《のどか》な街並みは、大阪桐蔭高校の根尾昂《あきら》が生まれた飛騨市、東邦高校の石川昂弥や愛工大名電高校の稲生賢二《いのうけんじ》が成長した知多《ちた》半島の雰囲気と、どこか相通ずるものがあるようにも感じられた。

「行き帰りの道中はイメージトレーニングもやりましたね。将来、勝吾がプロで活躍したときのことも考えて」

運転しながら智規が言った。古澤がお立ち台に上がり、ヒーローインタビューを受けているという想定で、智規がアナウンサー役になり、古澤に質問する。

「古澤選手、きょうは本当に素晴らしいホームランでしたね」

照れ笑いしながら、古澤が答える。

「ありがとうございます」

「あの場面、狙ってたんですか」

「いえ、ホームランは狙ってないです。逆転のチャンスだったんで、ランナーを帰すことだけ考えて、真っ直ぐ一本に絞《しぼ》ってました」

智規の家に到着すると、庭に緑色のネットが張られた練習用の鳥カゴがあった。一部が土の盛られたマウンドになっていて、ネットピッチングとティー打撃が両方できるようになっている。その傍らにクライミングロープが下がり、照明設備も備え付けられていた。古澤は中学を卒業するまで、ここで毎晩9時過ぎまで練習に打ち込んでいたのだ。

しかし、智規は言う。

「ここまでやっても、まだ練習が足りない気がしたんですよ。いくらティー打撃だけやっても、生きた球を打たんと意味がない。それで、週３日ぐらい、近くの町営グラウンドを借りてフリー打撃を始めたんです」

自宅でティーをやったあと、家族みんなで智規の運転する車に乗り、そのグラウンドへ行った。智規が打撃投手を務め、波留美と２歳年下の妹が球拾いをする。このころには、古澤だけでなく家族全員が、古澤がプロ野球選手になることを願っていた。

思春期の多感な少年らしく、古澤が父に反発した時期もあった。古澤本人が言う。

「そりゃ、嫌になったりもしましたよ。あれだけ毎日、厳しくやられたら」

ときには、智規の言うことが煩《わずら》わしく感じられ、ただ黙って見られているだけでも神経に障《さわ》った。智規が試合を見に行くたび、古澤は父の目が気になってプレーに集中できなくなる。そういうときほど、古澤には自分の父がどこで見ているのか、姿を隠すようにしていてもかえってよくわかったという。

「パパが来ると打てん！」

古澤から面と向かって、智規にそう言ったこともある。それでも、智規は足繁く試合を見に通い続けた。

「勝吾にとっては、プレッシャーやったのかもわかりません。でも、ぼくはやっぱり親やから、誰よりも勝吾を愛してます。そんな親のプレッシャーぐらい乗り越えられんようでは強くなれん、と思ったんです」

熱望した九州国際大学付属高校へ

古澤は中学2年の春休み、友だちと一緒に甲子園へ選抜大会を見に行った。初日の2011年3月23日、1回戦の前橋育英高校戦で、九州国際大学付属高校が7－1と快勝する。打線の破壊力にものを言わせ、五回には大会史上初となる1イニング3本塁打を記録した。

九国大付はこの余勢を駆って突き進み、準決勝で優勝候補だった日大三高を撃破する。決勝では東海大学付属相模高校に敗れたものの、準優勝を飾って全国に九国《きゅうこく》の名を轟かせた。

勢い込んで、古澤は智規に言った。

「お父さん、高校は九国に行きたい！」

智規としては、高校は滋賀か大阪を選んでほしかった。そうすれば、九州よりは頻繁に試合を見に通える。新たに建て直す長浜の家には、勝吾の部屋もつくる予定だった。

しかし、古澤の心はすでに、九州に飛んでいる。3年生に上がる直前、智規はまた車に古澤を乗せ、片道8時間をかけて北九州市にある九国大付の若松グラウンドに向かった。何の連絡もせず、突然押しかけてきた古澤のことを、監督だった若生正廣（15年から埼玉栄高校監督）はよく覚えている。

「あのときは、ぼくが九国に行って2回目の甲子園に出たばかりだったでしょう。それで準優勝したものだから、野球部に入りたくて見学に来る子が大勢いたんだよ。そういう子はだいたい、お父さんや中学のチームの監督さんが連れてくるんだけど、勝吾は自分でぼくのところまでやってきたからね」

そのとき、古澤は若生に言った。

「ぼく、ここで野球をやりたいんです」

そう言って頭を下げた古澤が、若生の目にはいかにも華奢《きゃしゃ》に映った。背はそれほど高くなく、身体にも厚みが足りない。

若生は東北高校の監督だった時代、広島で首位打者となった嶋重宣《しげのぶ》、メジャーリーガーのダルビッシュ有《ゆう》、東京ヤクルトスワローズの主力打者・雄平《ゆうへい》（高井雄平）を育て上げたことで知られる。05年に監督に就任した九国大付でも、横浜DeNAベイスターズの髙城俊人《たかじょうしゅうと》をはじめ、のちにプロ入りする選手たちを指導していた。

彼らに比べると、中学2年生だった古澤がいささか小粒に見えたのは無理からぬところだろう。若生は思わず、古澤に聞き返した。

「ウチでやれるのか？　大丈夫かあ？」

「ぼく、頑張ります！」

きっぱりと答えた古澤は、九国大付の練習に食い入るような視線を注いでいた。たいていの子は付き添いの保護者や指導者に案内され、言われるままに練習を見学しているのだが、古澤は明らかに自分なりの興味を持って練習をじっくり観察している。変わった子だな、相当野球が好きなんだな、と若生は思った。

それから間もなくして、古澤は湖北ボーイズで全国の高校球界にその名を轟かせるようになった。中学3年生となった11年春の滋賀県大会でエース兼4番として活躍し、チームを優勝に導いた。夏の県大会も連覇して全国大会に出場すると、ここではベスト16まで勝ち進んでいる。

さらに、この年8月、日本選抜のメンバーにも選ばれ、福岡県春日市で開催された世界少年野球大会に出場し、ここでも見事に優勝した。通算11打数6安打の活躍で、決勝戦の九回に打った同点適時打が光った。このときの古澤は、恐らく日本一、いや世界一の中学生球児だったかもしれない。

古澤にとって幸運だったのは、世界大会の期間中、九国大付の隣にあるボーイズのグラウンドで湖北ボーイズの練習試合が行われたことだろう。これを九国大付のコーチ、西尾竜馬が視察し、サードに入って潑剌《はつらつ》とプレーしている古澤を目に留めた。

その年の秋、ぜひ古澤がほしいと、若生のほうから滋賀の木之本中学校に足を運んだ。念願叶って九国大付に進んだ古澤は、若生の判断によってショートに固定されると、早くも1年秋からレギュラーになる。２年春からクリーンアップの３番に昇格し、３年夏には福岡県大会でサイクル安打を記録した。

そして、この３年の夏、古澤は最後のチャンスで甲子園に初出場を果たした。東海大学付属第四高校に敗れて１回戦敗退となったものの、このときにはすでに、プロのスカウトの評価は揺るぎないものになっていた。

高校時代の３年間も、智規は古澤の試合を見るため、何度も足を運んだ。週末に試合が組まれるたび、長浜から北九州までベンツを飛ばしてやってきては、日曜の夜にまた長浜へ帰っていく。県大会のような重要な試合になると、仕事のスケジュールをやり繰りして駆けつけたものだ。

夏の甲子園大会が終わり、古澤が野球部を引退する。そのころ、ふたりで北九州で食事をしたとき、古澤は初めて父に礼を言った。

「お父さんがずっと厳しくしてくれて、ぼくはほんまによかったと思うてる。そうでなかったら、こんなにはなれんかった。ぼくより素質や才能があっても、甘やかされてダメになってしまった子を見て、やっぱりお父さんは正しかったんだと思う。ありがとう」

長浜への長い帰り道、智規はベンツを運転しながらひとりで泣いた。泣き続けた。泣いても泣いても、感激で涙が止まらなかった。

智規が振り返る。

「そのときはもう、勝吾はほとんど泣かなくなってました。甲子園の1回戦で負けたときぐらいかな、泣いたんは」

それも、古澤が1歳のころから「泣くな！」と叱っていた智規の躾の成果だった。

古澤のソフトバンク入団が決まった14年の秋、智規と波留美は若生を長浜の家に招いている。地元で開かれた古澤の激励会に恩師として出席を請うた上、新築した家でもてなすことにしたのだ。

玄関に入った途端、額縁に入れられた古澤の写真が若生の目に留まった。中学1年生のころの打撃フォームである。思わず、若生は傍らの古澤を振り返った。

「おまえ、これだよ、これ、この構えだよ。おれはこの構えを教えるために3年間を費やしてきたのに、何だ、これは。最初からできてたんじゃねえか。ふざけんじゃねえよ」

高校では打撃の調子が落ちるたび、若生の指導の下、様々に打ち方を変えては試行錯誤を重ねた。が、中学時代の写真を見た瞬間、このときの構えが一番いい、これこそベストのフォームだと、若生は言ったのだ。

古澤が智規とともにやってきた努力は、間違いではなかった。そのことを、恩師の若生が改めて証明してくれたのである。

若生がしみじみと振り返る。

「いいお父さん、いいお母さんだったなあ。あの家族には、何かこう、応援してあげたくなる雰囲気があったね」

理想と現実のはざまで

古澤がプロ野球選手になったことで、父と母の愛はいったん結実した。それはまさしく、妹も含めて、家族みんなの勝利だった。ここで古澤一家の物語が終わるのなら、ほぼ完璧なハッピーエンドを迎えられるだろう。

しかし、現実は物語ではない。古澤はいまもソフトバンクのファームで泥まみれになりながら、一軍で活躍する日を目指してもがいている。こちらのストーリーはどう決着するのか、いまだに先が見えない。

練習や試合のあと、古澤はLINEで智規に連絡を取り、その日の自分の状態や考えていることを伝えている。智規もまた、そんな息子に助言を惜《お》しまない。

たとえば、智規がフリー打撃でスタンドまで運んだのは何本だった？　と聞く。きょうは3本、と古澤が答える。きのう7本だったのになぜ3本？　なんで減るんや？　と智規が聞き返す。1本でも増えるのがふつうやないとあかんのに、減る理由は何なん？　と。

智規の理想は高い。目指すはあくまでクリーンアップを打てる右の主力打者、松田宣浩や内川聖一の後継者だ。

「勝吾が九国で成功したのは、そういうスケールの大きい選手、気持ちで打つバッターを目指したからなんですよ。勝吾にはやっぱりもっと伸び伸びと、自分のスイングでやってほしい。少なくとも、そういう気持ちをずっと忘れんといてほしい。そうすれば、いずれは化ける、とぼくは信じてます」

智規の話を聞いているうち、私は二軍監督の水上善雄が言っていたことを思い出した。

プロ入り2年目の２０１６年、二軍や三軍の首脳陣は、長打より確実にミートすること、コンパクトなスイング、犠打やチーム打撃もきっちり決められるように、と古澤を指導した。そうしたら、生まれつきセンスのある古澤は教えられたことをすぐに呑み込み、「あっという間に」すべてができるようになった。

しかし、しばらく試合で打てないと、また高校時代の打撃に逆戻りしてしまう。そこで仕方なく、ファームの打撃コーチが振り出しに戻って古澤に対する指導をやり直す。２年目はその繰り返しだった。

水上はロッテ・オリオンズ時代、ショートのレギュラーだった。長髪をなびかせて川崎球場のグラウンドで躍動していた姿を覚えているファンは少なくない。

ところが、１９９２年に引退すると、評論家などには転身せず、プロ野球の表舞台から身を退く。その後、築地のマグロ市場で積み荷の上げ下ろし、コインパーキングの集金係といった仕事で生活費を稼ぎながら、地道に少年野球の指導に取り組んでいた。

その水上が言う。

「高校までなら、親の影響を受けるのは当然ですよ。古澤のように、親の努力のおかげで大きく伸びる子も確かにいる。しかし、古澤はプロで一度、ペシャンコにされた。本人もそれを痛感しているはずです。これから生き残るためにはどうすればいいのか、もう自分ひとりで考えないといけない。そこで自分に何が必要かがわかったら、もう一段階、上に行けるはずなんです」

三軍の打撃コーチ、監督として古澤を指導した佐々木誠は１９８３年秋、岡山県立水島工業高校からドラフト６位でソフトバンクの前身・南海ホークスに入団した。１年目は一度も一軍に昇格できず、２年目には54試合に出場し、やっと外野のレギュラーの座をつかんだのは４年目の87年である。

「ぼくの場合は、４年やってレギュラーにもなれなかったら田舎に帰ろう、と決めてたんです。大学に行かせたつもりで、４年は見てやるからと、親父にも言われてましたから。だから、その４年間は必死になってやった。レギュラーになるためなら、何でもやろうと思ってました。そういう意味で、古澤のような若い選手を見ていると、目標設定の仕方が悪い、悪過ぎるとぼくは思います」

もう、後はない。そう覚悟したときから、古澤物語の第2章は始まる。

第6章　頼れる者は自分ひとり

オコエ瑠偉

じれったいやつ

阪神甲子園球場で高校野球が行われる季節がめぐってくるたび、関東第一高校のオコエ瑠偉《るい》を思い出す野球ファンは少なくないはずだ。2015年秋のドラフト1位で華々しくプロ入りして以降、あまり表舞台で活躍する姿を見かけないだけに、あの若者はどうしたのか、いまも元気でやっているのだろうかと思わせる。オコエは、どこかそういう雰囲気を漂わせた若者なのだ。

プロ2年目の17年は、ちょうどタイミングのいい時期、オコエは久しぶりにいいところを見せた。第99回全国高校野球選手権大会が開幕する4日前の8月4日、このシーズン初めて一軍に昇格し、その夜にさっそく本拠地Ｋｏｂｏパーク宮城（現・楽天生命パーク宮城）での千葉ロッテマリーンズ戦に9番・ライトでスタメン出場する。翌5日には早くもシーズン初安打初打点を挙げ、2安打1打点と結果を出した。

2年前の甲子園で見せた俊足としなやかなスタイル、躍動感溢《あふ》れるプレーはいまも健在だった。二回の第1打席、涌井秀章《わくいひであき》の変化球を捉えてレフト前に打球を運び、空気を切り裂くように一塁を回って二塁に達する。さらに八回、ワンアウト、二・三塁から三遊間を破るタイムリーを放った。

一塁塁上のオコエは満面に笑みを浮かべ、何かを摑《つか》み取ろうとするように、スタンドとベンチに向かって右手の掌《てのひら》を掲げた。先輩の松井稼頭央《かずお》がメジャーリーグから持ち込んだという楽天独特の決めポーズ、「Ｂｕｒｎ！（バーン！）」である。

明くる日のロッテ戦にも３試合連続スタメン出場すると、今度は今季初盗塁を披露した。三回の第1打席、ライト前ヒットで出塁し、次打者・茂木栄五郎《もぎえいごろう》への初球ですぐさま二塁へ駆ける。ロッテの捕手・田村龍弘《たつひろ》の送球が逸《そ》れるや、すかさず三塁まで陥《おとしい》れた。

勢いに乗るオコエは、12日のオリックス・バファローズ戦まで6試合連続安打をマークしている。いったん途切れてからも、15日の西武ライオンズ戦では、四回ノーアウト満塁から一挙３点を挙げる走者一掃の同点タイムリー二塁打を打った。

取材に答える言葉も力強い。

「一軍で活躍できて、この上ない喜びです。やっていて楽しい。結果を出さないと一軍に残れませんから、盗塁なんかも、相手に隙《すき》があればどんどんいきたいですね」

そんなオコエの姿に、楽天監督の梨田昌孝《なしだまさたか》も目を細めていた。

「彼が試合に出ると、スリリングというか、ワクワクさせてくれるね」

甲子園で活躍していたころから、オコエの身体能力の高さは誰もが認めていた。１８３センチ、85キロの恵まれた体格に、高校通算37本塁打のパワー、１５７キロというプロのスラッガー並みのスイングスピード、遠投１２０メートルの強肩、50メートル走5秒96の俊足。プロ入りしてから取り組んだウエートトレーニングの効果で、最近はますます見るからに逞《たくま》しくなりつつある。

加えて、明るい性格、華のある雰囲気、型にはまった優等生ではなく、胸の内を率直に語れるコミュニケーション能力も兼ね備えている。こういう選手は常に表舞台で活躍してほしい。高卒の野手が一人前になるには3年はかかると言われるが、一日でも早くレギュラーに定着してくれればと、チームや球団はもちろん、ファンも願っているはずだ。

ここでもう一頑張りして、一軍に居場所を確保できるか。それとも、また二軍に逆戻りして足踏みを続けるか。ファンはもちろん、梨田をはじめとする首脳陣も、どこかでじれったさを感じながら見守っていた。

ライバルはロッテ・平沢大河

1年目の2016年、オコエは51試合に出場し、打率2割にも満たない成績に終わった。高卒の新人野手としては、51試合に出られただけでも合格とするべきなのかもしれない。が、一方で、仮にもドラフト1位がこの程度では話にならない、という厳しい評価もある。

オコエ本人はどう考えているのか。17年の開幕前、仙台に足を運んで聞いてみた。

「確かに、指揮官（梨田）にもバッティングがダメだと言われています。自分自身、そういう感覚はありますよ。ぼくの場合、守備や走塁に比べれば、やはり打撃が一番落ちる、低過ぎる。もっと頑張らなきゃいけないし、レベルを上げていかないといけません。そういうことなら、自分でもわかってるんです」

だけど、と、オコエは言うのだ。そうかと言って、マスコミや評論家に批判されるほどひどいとは思っていない、と。

「周りのルーキーと比べたときに、打撃成績がそんなに悪かったかというと、それは違うんじゃないですか。正直言って、滅茶苦茶《めちゃくちゃ》打てないというわけではなかったですから。去年はライバルの平沢（大河《たいが》）がロッテにいて、彼との勝負だというつもりでやってました。二軍で彼のチームとやってるときも、一試合一試合、負けられないという意識でね。それで、数字の上では全然負けてなかった。平沢よりもいい感じでいけてた、と思ってます」

平沢大河は15年秋のドラフト1位で、仙台育英学園高校からロッテに入団したスラッガーである。右打ちで外野手のオコエに対し、平沢は左打ちの内野手という違いはあるものの、ともに同い年のスターとして注目され、15年夏の選手権大会にそろって出場していた。

オコエの関東一高は準決勝、平沢の仙台育英は決勝に進出しながら、同じ東海大学付属相模高校に敗れている。もし関東一高が準決勝で勝っていれば、決勝で全国制覇をかけ、仙台育英と激突するはずだった。

その年のドラフトでは、楽天も当初、平沢を1位で指名した。ロッテと競合してクジを外したため、外れ1位でオコエを獲得したのだ。オコエが自ら平沢の名前を持ち出し、「ライバル」だと語った背景には、そうした経緯と因縁《いんねん》もある。

1年目の16年、平沢の成績は23試合、打率1割4分9厘、3打点。本塁打と盗塁は0。オコエは51試合、打率1割8分5厘、1本塁打、6打点、4盗塁。確かに、高校時代からのライバルよりは結果を残している。

2年目の17年、オコエが久米島キャンプで成長した姿を見せられれば、首脳陣の評価も違ったものになっていただろう。フリー打撃で力強い打球を連発すれば、マスコミの報道も、そうはならなかった。

自分を大いにアピールするべきキャンプが始まってからわずか2日、オコエは怪我のためにチームから離脱した。右手薬指付け根側副靭帯損傷で、東京都内に移動し、病院で手術を受けたのだ。以後、3月いっぱいリハビリに専念せざるを得ず、やっと実戦に復帰することができたのは4月、独立リーグのチームとの練習試合からである。

シーズンオフに恋人とハワイ旅行をしていた、などと週刊誌に書かれたことも、このころの様々な悪評に拍車をかけた。オフの間に遊びにかまけ、しっかり身体づくりをしていなかったとのツケが、キャンプイン早々に出たのではないか。そうした憶測が流れる中で、監督の梨田が

「オコエは野球をなめている」と怒ったとも伝えられた。

しかし、オコエにも言い分はある。

「指の怪我については、はっきり言っておきますけど、去年のシーズンオフからずっと、バットを振り過ぎたのが原因なんです。キャンプ初日にやったんじゃありません。練習中の不注意なんかじゃなかった」

ハワイに行っている間も、トレーニングはしっかりやっていた、という。

「あっちでジムに行ったり、そこでウエートをやったり、いろいろトレーニングをしてたんです。彼女を連れていったのは、向こうでご飯をつくってもらったり、そういう必要があったからですよ。もちろん、彼女と遊びに行った日もありましたけど、身体はずっと動かしていました。ハワイへ行った件に関しては、そういうちゃんとやってたことがまったく伝わってないんです」

梨田にも怒られたりはしていない。

「ぼく、監督に怒られたことはありません。当然、野球に関する指導は入ります。でも、私生活で何か言われたことはいっさいないです」

やるべきことはやっている。だから、手術した指を除けば状態はすこぶるいい。私の目を真っ直ぐに見て、オコエは強調した。

「指のリハビリをやっている期間も、ウエートやダッシュはずっとやっていましたよ。正直、ここにきてかなりいい感じになってるんですよ。ダッシュのタイムもよくなったし、早くバッティングを始めたいなと思ってます」

素質ゆえの「陥穽」

しかし、2017年の開幕前、意気込むオコエに対する首脳陣の評価は厳しかった。1年目の16年、つきっきりで指導した一軍打撃コーチで、17年にチーフコーチを務めていた池山隆寛《たかひろ》(18年より二軍監督)はこう指摘している。

「オコエの打撃を建築に喩《たと》えたら、まだまだ土台づくりの最中です。いや、それ以前の、柱にする材木を鉋《かんな》で削ってる段階かな」

生まれつきのセンス、とりわけ走力には、誰もが認める通り、人並み外れたものがある。問題は、プロとしての技術が身についていないことだ、という。

「具体的な欠点を言うと、バットを振るときに左脇が開くんですよ。スイング軌道が安定せずに、いろんな方向にブレる。これでは、バットコントロールはできても、ヘッドスピードが出てこない。だから、プロの球をしっかり捉えて弾き返すことができないんです」

1年目は、その左脇が開くフォームの欠陥を矯正するべく、打撃の練習の最中、オコエにチューブを装着させた。これで左の上腕と上半身を固定し、左脇を開こうにも開かないようにしたのだ。

最初のうちは、オコエ自らこのチューブをつけて練習に取り組んでいた。しかし、そのうちに勝手に外してしまい、個人練習のためにチューブを持ってこいと命じてもうっかり忘れることさえあったという。

「遅刻もしたし、サボりもあったしね。選手たちを集めて、次はこのメニューをやろう、と声をかけたら、オコエだけいないぞ、どこに行ってるんだろうって、そんなこともありましたよ。ノンビリしてるというか、時間にルーズというか」

こうなると、技術うんぬん以前に、オコエの意識や姿勢の問題だろう。こういうことではいけないと、池山が続ける。

「早くまともなスイングができるようにならないと、これからの野球人生がほんの数年で終わってしまう恐れもあります。オコエ本人に、そういう危機感があるのかどうか。去年のシーズン途中あたりから、何をやらせても長続きしなくなってますからね」

なまじ生まれつき素質に恵まれた若者は、そのぶん他人よりたやすく結果を出せるため、もっと努力を重ね、力をつけようという意欲や執着心に乏《とぼ》しい。本人にそのつもりがなくとも、指導者にはそう見えてしまう。それが早くから才能が開花した若者のはまりがちな陥穽《かんせい》であり、その後の伸びしろを失う大きな要因のひとつだ。

池山に指摘されていることをどう思うか、オコエに率直にぶつけてみた。

「ぼく自身、池山さんのようなバッティングコーチがついたのは初めてで、すごい、いろいろ言われるんだな、とは思いました。プロの経験者として、大事なことを言われてるんだということは、自分の中で押さえてます。ただ、全部が全部、自分のプラスになるかどうかというと、そうとも限らないでしょう。だから、自分でやってみてダメだったとか、これだけは合わないと思ったら、自分の中でなくしますよね、やっぱり」

そんなオコエを、2年目からは突き放してみる。池山はそう言った。

「結局、プロの世界は本人次第です。ぼくに言われたことをやるもやらないも、決めるのはオコエなんでね。今年からは、もう彼にはどうこう言いません。自分ひとりでどうするのか、離れたところから静観します」

ユニフォームが嫌いだった

オコエ瑠偉は1997年7月、東京都東村山市で、ナイジェリア人の父・ボニー、日本人の母・早苗の間に生まれた。1学年下の妹・桃仁花がバスケットボールをやっていて、2015年に明星学園高校の選手として全国大会に、16年にU-17日本代表のメンバーに選ばれて世界選手権に出場している。

瑠偉という名前はルイ・ヴィトンから採られており、元サッカー日本代表・ラモス瑠偉《るい》に倣って同じ漢字を当てている。父は198センチとオコエより一回り大きく、ナイジェリアではサッカーが盛んなことから、最初はオコエを野球ではなくサッカー選手にしようとしていた、なども報じられた。

それもマスコミが勝手につくった話だと、オコエは笑った。

「小さいころは、いろんなスポーツをやってましたよ。サッカーもやってたし、ゴルフもやってたし、家にバスケのゴール（リング）もあったんで、よく妹と一緒に遊んだりしてましたね。そうやって、いろんなスポーツをやらせて子供を育てるのが、ナイジェリアのスタイルなんです。日本の習い事みたいなのとは違って、遊びながらうまくなっていけばいい、という感じですね」

ちなみに、日本人の母は若いころ、バスケットをやっていたという。家にゴールリングを付けたのも、恐らく母の考えだろう。その母方の親戚には千葉ロッテマリーンズの投手・内竜也《うちたつや》がいて、彼と幼少期から交流していたことが、オコエが野球選手を目指すきっかけのひとつになった。

もっとも、野球選手の生まれ育った家庭にありがちなように、父から野球をやるよう仕向けられたりはしていない。父は仕事の関係で日本とナイジェリアをしょっちゅう往き来し、家を空けることも多く、一時はなかなか父に会えない時期もあった、とオコエは振り返る。

「お父さんの仕事は貿易です。こっちで日本車を買って、ナイジェリアで売ったりとか、そういう仕事ですね。それから、お爺ちゃんが大工仕事というか、建築関係の会社を経営してるんで、日本にいるときはそこの手伝いもやっています」

苦笑いしながら、こう付け加えた。

「親にはずっと、自由に伸び伸びと育ててもらいましたよ。ウチはモンスターペアレンツじゃないですからね」

一言で言うなら、放任主義の家庭だったのだ。のちに本格的に野球をやり始めたとき、よく言えば大らか、悪く言えば不真面目、という評判が立ったのは、そんな幼少期に遠因があるのかもしれない。両親はどんなときに厳しかったのか、と尋ねると、オコエはまた笑ってこう答えた。

「親が厳しかったら、いま、こんな人間にはなってません。厳しいときはいまでも厳しいですけど、優しくしてもらった思い出のほうが多いかな」

近所の野球経験者に手ほどきを受け、徐々に野球に親しむようになったのは6歳のころである。秋津東小学校に入学すると同時に、東村山ドリームというチームに入団した。このとき、指導者を驚かせた逸話がまた、自由に伸び伸びと育ったオコエらしい。

「最初はユニフォームが嫌いで、いつも私服で野球をやってました。Tシャツにジャージや半パンとか。小学生くらいの子供の場合、サッカーやバスケはみんなバラバラの、ラフなカッコでやってるじゃないですか。野球も同じでいいだろ、なんでユニフォームなんか着なきゃいけないんだ、みたいな感覚で」

ところが、自分のあと、のちにライバルとなる子供が入団すると、考えが一変する。

「彼はいつも、ふつうにユニフォームを着て野球をやってるんですよ。お父さんが野球をやっていて、家でも厳しく指導されてるっていうところの子でした。彼がぼくのライバルで、キャプテンにも選ばれたんです。その彼を見ていて、ああ、ユニフォームもそんなにカッコ悪くないもんだなって、ぼくの考え方も変わったわけです」

常にマイペースなようでいて、自分以外に注目を集めるライバルの存在は常に意識している。カッコイイと思ったことなら躊躇《ちゅうちょ》なく自分も実践する。高校時代以降、平沢大河に負けん気を剝《む》き出しにするようになった性格の萌芽《ほうが》は、小学生時代にあった。

そのころから、野球の素質とセンスは敵も味方も圧倒していた。オコエが言う。

「地元で試合をしていた相手は、ピッチャーの投げる球が遅過ぎてね、簡単にホームランを打てちゃう。ショートゴロでもぼくの足で走ったらセーフになるし。それほど力を出さなくても勝てました。だから、小学生のころは野球をやっていても、全然楽しくなかったです、正直言って」

小学1年生で相手を見下ろせるほどだったのだ。6年生になった09年には3番・捕手としてチームを引っ張り、東京都大会で2連覇に貢献、関東大会で3位に食い込んだ。

さらに、プロの読売ジャイアンツのジャイアンツジュニアのメンバーにも選ばれ、NPB12球団ジュニアトーナメントENEOS　CUP　2009で準優勝している。外野手に転向したのはこの大会からで、ジャイアンツジュニアのコーチに強く勧められたのがきっかけだった。この年、初めて訪問したジャイアンツ球場で、内海哲也、山口鉄也、東野峻《とうのしゅん》ら、巨人の主力投手に励まされたことも忘れられない。

「プロ野球の選手はでかいなあ、と思いました。とにかくでかかった」

そのころにはもう、オコエは関東のリトルシニアやボーイズの指導者たちが次から次へと勧誘にくるほどの存在になっていた。

盗塁はいつもノーサイン

10年、東村山第六中学校に進学したオコエは、地元の強豪、東村山リトルシニアに入団する。監督の渡邊弘毅が何度も試合や練習を見に足を運び、ぜひにと勧誘してこぎつけた入団だった。

ここでも、オコエの力は中学1年からずば抜けていた。渡邊が振り返る。

「捕手も外野手もできるぐらいだから、肩が抜群に強いんです。これで投手をやらせたら誰も打てないんじゃないかと考えて、最初に入ってきたとき、ブルペンで投げさせてみたんですよ。速かったですねえ。ただ、コントロールが悪くて、ストライクがまったく入らない。しょうがなくて、すぐ諦《あきら》めました」

また、捕手を続けることもそろそろ難しくなりつつあった。変化球が禁じられている小学生の野球なら、肩の強さだけで十分やっていける。が、中学生の野球は変化球が交ざるようになり、リードや配球も子供にとっては高度で複雑になってくるからだ。

そういうことに頭を使わせるよりも、肩を生かせる外野に回し、打撃に専念させたほうがいいだろう。そう渡邊は考えた。

「守備と走塁に関しては、最初から誰よりも優れていました。フライの落下点に入る足の速さ、送球する肩の強さ、どちらも一番ですよ。盗塁にしても、ふつうの子なら教えられてもできないセンスを最初から持っている。だから、いつもノーサインで走らせてましたよ。1年生で3年生の試合に出しても、まったく差を感じさせなかった」

しかし、打撃に関しては、渡邊が予想したほど順調には伸びなかった。もともと身体能力が高いだけに、格下の投手が相手なら簡単に打ち返すことができる。ただし、いい加減な打ち方で結果を出せるぶん、正しいフォームを習得することが疎《おろそ》かになりがちだった。

「オコエの身体的特徴として、手足が長いでしょう。上半身の力も並の中学生とはまるで違う。力任せにバットを振り回したらボールに届くし、バットに当たったら手打ちだろうがタイミングがずれていようが、並の子よりも飛ぶんですよ。でも、そんな打ち方を続けていると、どうしても上半身が突っ込んで、バットが遠回りするようになっちゃう」

いわゆる手打ちの状態で、ふつうの中学生なら凡打するから矯正しようもあるが、オコエはなまじヒットにできるから打ち方を変えようとしない。のちに楽天で池山が指摘した左の脇が開く癖も、このころから次第に顕著になってきた。渡邊が続ける。

「中学生も2、3年生になってくると、130キロ投げる子もいるし、きっちりコーナーを突いてくる子もいる。そういう投手を相手にすると、さすがにオコエもあまり打てなくなってきました。とくに内角を突かれると、バットが遠回りするぶん、しっかりと捉えることができないんですよ」

そんなオコエをつかまえて、渡邊やコーチたちは、下半身を使った打撃を教え込もうとした。いまのように突っ立ったままでバットを振り回したりせず、足を上げてタイミングを取り、腰の回転で弾き返せ、と。

ところが、オコエはよく練習をサボった。外野の守備練習の最中、「ションベン行ってきます!」と言っては、右翼のファウルグラウンドにあるトイレに消え、そのまま1時間も2時間も帰ってこないのだ。

もっとも、このサボリに関しては、オコエがこう反論している。

「あのころ、サボったのはぼくだけじゃありません。チームのみんなと、サボる番を回してたんです。トイレで寝てたやつもいれば、焚き火《たび》にあたりに行ったやつもいる。みんなでやっていた遊びみたいなもんです。サボりたくてサボっていたわけじゃない」

さらに、こう付け加えた。

「もし、本当にひとりだけ、トイレでサボるようなやつがいたら、みんなに嫌われるだけじゃないですか。監督だって、試合に使ってくれませんよ」

意識を変えた「病気と震災」

中学生時代、野球を続けるべきか、オコエが真剣に考えた時期がある。２年生で、大腿骨頭すべり症という病気を患《わずら》ったときだ。

成長期に特有の病気で、股関節の付け根がずれ、野球ができないだけでなく、まともに歩くことすらままならなくなった。股関節を固定するボルトを２本入れる手術のために１ヵ月入院し、その４ヵ月のちにボルトを抜く手術でまた２週間入院している。

オコエが振り返る。

「退院してからも半年間、ずっと走れませんでした。正直、もう野球をやるのは厳しいかも、と思いましたね。この身体じゃしんどいだろうなって」

そんなオコエの胸中を察して、グラウンドへ出てこい、と渡邊は声をかけた。ひとりで部屋に引きこもっていても、気分が落ち込むだけだ。松葉杖を突いてでもシニアの練習場に来れば、仲間と触れ合える。みんなと冗談を言って笑うだけでも、気分が変わるから、と。

オコエがグラウンドに顔を出し、ポツンと立って練習を見ていると、チームメートたちが代わる代わる声をかけてくれた。それだけで、またこいつらと野球がしたい、という気持ちが募《つの》った。オコエが言う。

「いまでも、中学生のときの友だちが一番、仲がいいですね。小学校、高校と含めても、バカをやったり、励まし合ったり、いい思い出がいっぱいあります。いまでもＬＩＮＥでやり取りして、よく集まってますよ」

それは、オコエが初めて、チームとの絆《きずな》を意識した時期だったかもしれない。

もうひとつ、もっと真剣に野球に取り組もう、とオコエが考えるきっかけになった出来事がある。２０１１年3月11日の東日本大震災だ。

「震災があって1ヵ月ほど、チームも活動を自粛してたんです。その代わり、募金の呼びかけとか、奉仕活動をやってました。シニアのユニフォームを着て、駅前に2時間ぐらい立ちっぱなしでね。それで、2~3週間ほどボールに触らないでいると、やっぱり野球がやりたくて身体がウズウズしてきたんです」

野球がやりたい。もう一度、グラウンドで打って走って、みんなで勝利を目指したい。

身体の内側からそういう痛切な欲求が湧き起こったのは、オコエにとって初めての経験だった。病気と震災が、オコエの野球に取り組む姿勢を変えたのかもしれない。

「あのとき、自分の中で野球が遊びから本気になったんです」

高校でも野球を続けるのなら、もっと真面目にやらなければならない。そういう目標を立て、両親と相談し、東京でも屈指の強豪、関東第一高校への進学を決断する。

「レギュラーを取る自信なんてなかったですよ。関一の監督が米澤（貴光《たかみつ》）さんになって以降、東村山シニアからはひとりしか入ってないですしね。ぼくよりも2歳上の先輩ですけど、おれがあんなすごい人のあとについて行けるかなと思っていたぐらいです」

それでも、野球をやるなら本気でやろう、とオコエは思った。本気でやって通用しなかったら、そこで潔《いさぎよ》く野球を諦め、勉強に取り組んで大学に進みたい。そういう進路を思い描くオコエにとって、関東一高は最も理想的な高校に思えたのだ。

中学校の進路志望届には第3志望まで高校名を記入することになっていたが、オコエは第1志望の欄に関東第一高校と書いただけで担任の教師に提出した。野球の特待生として入学することを前提としての行動だったものの、絶対の自信があったわけではない。

「これでダメだったら、行く高校はないぞ。一般入試を受けるしかないんだからな」

進路指導の教師にそう言われても、オコエは怯《ひる》まなかった。最初から、受験勉強をしなければならないのは覚悟の上だった。

スイングが汚い

そんな悲壮な決意を固めてオコエが入部してきたころのことを、関東一高監督、米澤貴光はほとんど覚えていない。

「最初は全然、目立つような子じゃなかったですからね。学年ごとに部員を集める機会でも、集団の前に出てこないんです。引っ込み思案というか、いつもほかの選手たちの後ろに隠れるようにしていました」

オコエにとって、関東一高は東村山シニアとはまったく別世界だった。自分と同い年、自分より小さな身体で、自分より野球の上手な選手が大勢いるのだ。ヤバイ、このままでは1年でおしまいだ、とオコエは思った。

「1年秋の都大会で優勝したメンバーの半分が、同級生だったんです。ぼくはレギュラーになれなくて、同じ代のみんなに上に立たれているような気がしました。ここでもっと頑張らないといけないと、またスイッチを入れ直した時期です」

オコエの目にとりわけ脅威に映ったのは、のちに同じ代でキャプテンとなる伊藤雅人《まさと》という1年生だった。178センチ、80キロとオコエより小さく、右投げ右打ちの内野手とポジションもタイプもオコエとは異なるが、走攻守にわたって切れ味の鋭《するど》いプレーを見せる三拍子そろった好選手である。

東村山ドリームでも、のちにキャプテンとなる同い年の子の存在が、オコエの闘志に火をつけている。関東一高ではチームで伊藤に優る戦力になることが、オコエにとって最初の目標になった。米澤が言う。

「伊藤の存在は、オコエの中では大きかったと思いますよ。打撃でも走塁でも守備でも、とにかく何でも人よりうまくできちゃう子が同級生にいて、自分より先に、1年の秋からレギュラーを獲っちゃったわけですから」

ここで頑張らなければ、翌年の春もベンチ入りメンバーから外される。当然、その次の夏もないだろう。以来、オコエはひたすら猛練習に打ち込むようになった。

米澤をして、いいものを見せてきたな、と思わせたのはこのころからである。とくに、その年の冬、オコエが練習に取り組む姿勢には、目を見張らせるものがあった。ただし、オコエが2年生になった2014年春、第86回選抜大会のベンチ入りメンバーに、米澤はオコエを選んでいない。

「いくら力をつけてきているとはいっても、前の年の秋までに何もできなかった人間を、次の年の選抜のメンバーに入れることはありません。ぼくはいままで、そういう選び方はしたことがないので」

選抜が終わると、米澤はオコエに背番号18を与えた。春季東京都高校野球大会の3回戦で念願の初出場を果たしたオコエは、いきなり初安打、初打点、初盗塁をマークする。さらに、4回戦では高校1号となる先頭打者本塁打を放った。文字通り、溜まりに溜まったエネルギーと鬱憤《うっぷん》を、一気に爆発させたかのような活躍だった。

そして、全国にオコエ瑠偉の名前を轟《とどろ》かせたのは、3年生となった15年夏の第97回選手権、100周年記念大会である。印象的な風貌と相俟《あいま》って、甲子園のグラウンドで躍動するオコエの姿は、高校野球ファンの心を鷲掴《わしづか》みにした。とりわけ、3回戦の中京大中京戦、初回満塁のピンチで、センターの頭上を越えようかという当たりに飛びついたビッグプレーは、いまも語り草となっている。

しかし、米澤はそんなオコエに決して満足していたわけではない。チームの中軸を担う選手としては、まだまだ物足りないところが多いと感じていた。

「ひとつには、野球以外の部分です。寮での生活態度を見ていても、なかなかだらしないところが直り切らない。もっときちんとしなさいと言っても、このぐらいでいいだろう、ですませているところがある。たとえば、字が汚いので、ちゃんと読めるように書けと何度も言ったのに、ずっと汚いままだったり」

東村山シニアで渡邊が修正しきれなかった打撃の欠点も、そのまま残ってしまった。

「一言で言えば、オコエはスイングが汚いんです。手足が長くて、力任せに振り回してるだけ。上半身と下半身の使い方にもすごく癖がある。もう上と下がバラバラというようなレベルじゃない。とにかく、きちんと構えることから始めなさいと、そう教えることから始めたぐらいですからね。それができなければ、バッティングにならないんだから」

口を酸っぱくして指導した結果、オコエの打撃がどの程度変わったかは、冒頭で楽天の池山が語った通りだ。米澤が言う。

「正直、もっときれいなフォームにしてプロに送り出したかったと思いますよ。しかし、ウチでは結局、ある程度悪い癖を取るぐらいまでしかできませんでした」

米澤も渡邊と同じように、オコエの打撃を「力任せ」と指摘した。「スイングが汚い」という表現も、池山の「スイング軌道が安定しない」という言葉と重なる。

プロは、自分ひとりで考える

オコエ自身はいま、どう考えているのか。指導者たちが語った辛辣《しんらつ》な言葉を率直にぶつけても、彼の答えは変わらない。

「頑張らなきゃいけない、とは思ってます。ぼくの場合、走塁や守備に比べれば、確かに打撃が一番落ちますからね。でも、指導者に言われたことの全部が全部プラスになるわけでもない。やってみてダメだったり、自分には合わないとわかったりしたら、すぐに自分の中でなくすようにしてます」

そんなオコエの話に耳を傾けながら、私は08年、大阪桐蔭高校から北海道日本ハムファイターズに入団したばかりのころの中田翔《しょう》を思い出した。身体が硬く、太り過ぎで、先輩ができる股《また》割《わ》りもできなかった中田は、二軍で基礎体力づくりからやり直しを迫られた。

当時の中田をどやしつけるように指導していた二軍監督が、のちにソフトバンク二軍監督として、古澤勝吾に自分を見つめ直せと説いた水上善雄《みずかみよしお》である。そして、中田の成長をじっと待ち続けていた監督が、ほかならぬいまの楽天監督・梨田なのだ。

当時、梨田は中田をこう評していた。

「プロの投手にかかったら、翔はすぐに裸にされるんです。内角を突いて起こされて、外へ逃げる球を放られたら、もうおしまい。野球に取り組む姿勢自体を考え直さないと、一軍では使えないでしょう」

そんな中田がようやく一軍に定着できたのは4年目の11年だった。それまでの3年間、生まれつきの素質だけではとてもプロで生き残れないと、中田は思い知らされた。オコエに必要なのも、中田が味わった辛酸《しんさん》を舐《な》めるような経験なのかもしれない。

池山が指摘した通り、オコエは打つときに左脇が開く癖を完璧には修正できていない。その癖が出るとバットが下から出るため、ボールをしっかり捉えられなくなる。それでも、17年は8月に一軍昇格する前、二軍で25試合に出場、打率3割1分7厘を記録した。

こういう生まれつきの素質に恵まれた人間が、ある程度の数字を出していると、指導者の助言になかなか耳を貸さないものだ。昔はヤクルトスワローズでクリーンアップを打ち、現役生活19年間で通算１５２１安打、３０４本塁打を記録したかつての池山もそうではなかったか。そう尋ねると、池山は一声唸《うな》って苦笑いを浮かべた。

「ぼくももう少し意固地にならずに、周りを見る余裕があれば、２０００本安打ぐらいは打ってたかもしれないなあ。まあ、ぼくたちが言うことをやるかやらないかは、選手本人次第です。プロは結局、自分ひとりですべてを決めなきゃいけませんから」

プロの選手として、一個の人間としてどうあるべきか。オコエ自身はこう言っている。

「いまは野球を一所懸命やっています。野球がすべてです。でも、じゃあぼくにとって、野球が人生の１００パーセントなのかと聞かれたら、やっぱりそうじゃありません。怪我をしてクビになるかもしれない、という可能性もあるでしょう。そうなったときのことを考えたら、野球しかできないんじゃなくて、経営や経済の勉強もしておきたい、という気持ちもあるんです。高校に入ったときもそうでしたからね」

そして、こう付け加えた。

「ぼくは、野球も人生も楽しみたいんです。真面目にやることは大切ですし、実際、真面目にやってますけど」

オコエにはオコエの考えがあるのだ。これがいま、自分の考えるプロ野球選手の在り方だと言われたら、他人は口を挟《はさ》めない。

2017年8月24日、オコエはロッテ戦でプロ2本目のホームランを打った。それは、親戚の内竜也から打った初めてのホームランだった。その2日後には、Ｋｏｂｏパーク宮城での日本ハム戦で、本拠地では初の一発も放っている。

しかし、チームは次第に優勝戦線から脱落しつつあった。オコエは言った。

「こういうときは、自分が打った、打たないより、元気を出してベンチを盛り上げることが大事です。まずは声を出して、若手らしくやっていきますよ」

この年のクライマックスシリーズでは突然自分で頭を五厘刈りにして、周囲を驚かせた。2018年はこの天衣無縫なキャラクターでどこまで大化けできるか。

終章　いくら生まれつき才能に恵まれていても

中村奨成

新怪物・中村奨成を覚醒させた男

２０１７年夏、阪神甲子園球場で行われた第99回全国高校野球選手権大会で最大のスターになった選手と言えば、広島県の広陵高校の捕手・中村奨成《しょうせい》を措《お》いてほかにいない。大会最多の６本塁打を放ち、ＰＬ学園高校・清原和博が１９８５年につくった５本塁打の記録を32年ぶりに塗り替えた衝撃は大きかった。新たな怪物が登場したと、スタンドの観衆もテレビの前のファンも、甲子園の熱戦を連日報じるマスコミも沸き返った。

大会が始まるまで、中村は全国的には無名に近い存在だった。都道府県大会の段階で、清宮幸太郎擁する早稲田実業学校、安田尚憲《ひさのり》のいる履正社高校が敗れ、注目を集めていた東西のスラッガーが甲子園に出場することができず、神奈川県大会で４試合連続本塁打を打った増田珠《しゅう》の横浜高校もあえなく初戦敗退し、スターや目玉選手不在の大会になりそうだという観測さえあった。

それが、中村の出現により、様相が一変する。甲子園のスタンドは中村が打席に入るたびにどよめき、彼が本塁打を打つたびに歓声が上がった。そして、広陵が勝ち進むにつれて、試合前、試合後の取材では中村に群がる記者やテレビカメラの輪がふくらんでいく。もちろん、私もそのひとりだった。

これほどの逸材がなぜ、広島県大会で注目されなかったのか。という以前に、ほとんど打てなかったのか。実際、県大会では2本塁打、4打点をマークしているものの、打率は1割7分6厘に過ぎなかった。広陵高校監督の中井哲之はこう説明している。

「県大会までは、怪我をして本調子じゃなかったんです。5月末の練習試合で左手に死球を受けて、このときの診断が骨挫傷。まあ、骨が折れてないだけ幸いでした。そうしたら県大会の初戦、崇徳との試合で右手首に死球が当たって、今度は打撲ですよ。それからはもう、毎日病院で治療をしてました。土日は私の知り合いの先生に無理を言って、特別に病院を開けてもろうてね」

そんな有り様だった中村が本来の調子を取り戻し始めたのは、広島商業高校との準決勝の前日だった。休みの日に木のバットを使った打ち込みを行い、打撃担当のコーチがつきっきりでチェックして、このころからようやく本来の打球が飛ぶようになったという。

おかげで、翌日の広商戦は中村の本塁打で1－0で完封勝ち。広島新庄高校との決勝戦でも中村の一発で先制し、ここからたたみかけた打者一巡、一挙6得点の猛攻で甲子園出場を決めた。このときから、大爆発の兆《きざ》しはあったのだ。

中村は練習ではいつも、金属ではなく木のバットを使っている。950グラムと、プロの選手が使っているタイプより50グラム前後も重い。中井が解説する。

「中村だけは、最初から飛距離が違いましたからね。周りの子と同じ金属を使わせたら、ボールがみんなグラウンドの外へ飛び出してしまうんで、あの子だけ木にさせたんです。それでも、飛距離なら誰にも負けないぐらい飛ばせました。単に力任せにたたきつけるんじゃのうて、バットを鞭《むち》のようにしならせて使うことができるんです。じゃけえ、プロへ行って、バットが金属から木に変わっても、そんなに戸惑うことはないと思いますよ。木に馴染《なじ》むのにそんなに時間はかからんのじゃないかなあ、と」

それほどの素質を持っていた中村は、当然ながら、大野東中学時代から広島の高校野球界に知られた存在だった。広島県廿日市《はつかいち》市の大野リトルシニアで活躍し、地元はもちろん全国の様々な強豪校に誘われていたという。ちょうど本書に登場した大阪桐蔭高校の根尾昂《あきら》、東邦高校の石川昂弥《たかや》、愛工大名電高校の稲生賢二《いのうけんじ》ら、ボーイズリーグ時代からプロを目指していた少年たちのように、だ。

ところが、得意の絶頂にあっただろう中村に、初めて面談した中井はこう言った。

「おい、野球も人生もなめとりゃせんか？　いまのままじゃ、ウチは獲らんぞ」

素質に恵まれた子供にありがちなように、中村もまた、野球さえできればいいんだろうと言わんばかりの態度を取ることがあった。中村の機嫌を損《そこ》ねないよう、シニアの指導者が腫《は》れ物に触るように接しているところも見受けられる。ふだんの髪型や服装も健全で真面目とは言い難く、広陵に入れたら学校から厳しい指導が入るのは確実だった。

母の啓子が同席している場で、懇々《こんこん》と中村に言って聞かせた。

「もっとお母さんを大事にせえ。親を大事にできんようなやつに、他人をいたわれるか。野球はチームでやるもんじゃ。他人のことを思いやれんような人間が、野球がうまくなると思うとるんか」

まだ15歳だった中村は度肝を抜かれた。

自分に会いに来る高校の関係者たちは一様に、自分を持ち上げ、特待生制度をはじめとする様々な好条件を示し、ぜひわが校へ入学してほしいと誘ってくる。そうした中、地元の広陵だけは、自分の力を認めつつも、人間としてなっていない、ふだんの態度や生活が改まらないのなら必要ない、と言うのだ。

中村はこう振り返っている。

「確かに、あのころは、自分自身、いろんな意味で人生をなめていたと思います。そんな自分に、監督は男としての真っ直ぐな生き方を話してくださった。そういう話をしていただいたのは監督だけでした」

次の舞台へ進む選手を分けるもの

せっかく生まれつきの素質やセンスに恵まれていながら、年端のいかぬうちから己《おのれ》の力を過信してしまう子供は少なくない。日ごろの練習をなおざりにして、態度ばかりが不遜《ふそん》になり、かつてのチームリーダーがやがてはチームメートに疎《うと》まれる存在へと変わる。

福岡ソフトバンクホークスに入団する前、古澤勝吾《しょうご》の周囲にも、そういう少年がいた。同じチームで古澤を上回る力を持ちながら、勘違いがたたり、真面目に練習せず、指導者の不興を買って、やがて古澤の後塵《こうじん》を拝《はい》するようになってしまう。

そのころ、古澤は父の智規にこう言った。

「もしぼくも甘やかされていたら、彼のようになっていたかもしれない。そういう意味では、お父さんに厳しくしてもらって、本当によかったと思うてるよ」

青山学院大学の鈴木駿輔《しゅんすけ》の周囲にも以前、似たような少年がいた。鈴木より豊かな才能を持っているように見え、将来を嘱望《しょくぼう》されているにもかかわらず、野球の練習を怠《なま》けて、非行に走るようになった。彼は周囲の指導もあり、何度か態度を改めて野球に打ち込もうとしたものの、最終的にはチームをやめざるを得なくなっている。

父の秀が振り返る。

「その子は、私の目から見ても惜《お》しいと思いました。駿輔のいいライバルでもあったし、私なりに力になろうとしたんですが、結局は本人からチームを離れていきました」

そういう少年の存在が、鈴木の反面教師にもなったのだ。その鈴木が3年間を過ごした聖光学院の監督・斎藤智也はこう言っている。

「本気になって野球をやっていれば、いずれは気がつくはずなんですよ。野球は自分だけのためにやるものじゃない、と。野球は自分ひとりのためだけのものじゃないぞ、ということがね。最後には、そこに気づいた選手が大きな仕事ができる、と私は思う。そういう心境にまで行き着いたら、野球で名を売ろうとか、有名人になろうだとか、最初はあった不純な動機も、いつの間にかなくなっちゃってるはずなんだ」

野球少年が成長し、才能を開花させ、勝利して喜び合う姿は、見る者の心を揺さぶる。自分たちがファンに何を与えているか、気がついた少年たちだけが次の舞台に進み、より大きな感動をもたらす存在になる。それは、選手としてだけでなく、人間として成長するということでもあるだろう。

広陵の中村は17年秋のドラフト会議で、地元の広島東洋カープに1位で指名され、入団が決まった。本書に登場したすべての野球少年たちが、中村と同じプロのグラウンドで戦う日が来ることを切に願う。

本書は『週刊現代』短期集中連載「野球選手の人生は13歳で決まる」(平成29年4月15日号から平成29年5月27日号まで)に加筆・修正したものです。

各章扉写真提供
産経新聞社(序章、1章、4章、6章、終章)
岡田康且(2章、3章、5章)

赤坂英一

1963年、広島県生まれ。86年に法政大学文学部卒業後、日刊現代に入社。88年より、スポーツ編集部でプロ野球取材を担当。同社勤務のかたわら週刊誌、月刊誌でスポーツを中心に人物ノンフィクションを多数執筆。2006年独立。
著書には『失われた甲子園』『プロ野球「第二の人生」』『プロ野球二軍監督』『最後のクジラ』(以上、講談社)、『すごい! 広島カープ』(PHP文庫)などがある。

講談社+α《プラスアルファ》新書 784-1 D

野球《やきゅう》エリート
野球選手の人生は13歳で決まる
赤坂英一《あかさかえいいち》

2018年2月20日第1刷発行
2018年3月15日第2刷発行

発行者——— 渡瀬昌彦
発行所——— 株式会社 講談社
東京都文京区音羽2-12-21 〒112-8001
電話 編集(03)5395-3522
販売(03)5395-4415
業務(03)5395-3615

カバー写真——— 赤坂英一
デザイン——— 鈴木成一デザイン室
カバー印刷——— 共同印刷株式会社
印刷——— 慶昌堂印刷株式会社
製本——— 株式会社国宝社

ISBN978-4-06-220678-5

講談社+α新書

偽りの保守・安倍晋三の正体
岸井成格
佐高信
保守本流の政治記者と市民派論客が、「本物の保守」の姿を語り、安倍政治の虚妄と弱さを衝く
800円 733-1 C

大メディアの報道では絶対にわからない どアホノミクスの正体
佐高信
浜矩子
稀代の辛口論客ふたりが初タッグを結成！ 激しくも知的なアベノミクス批判を展開する
840円 733-2 C

大メディアだけが気付かない どアホノミクスよ、お前はもう死んでいる
佐高信
浜矩子
過激タッグ、再び！ 悪あがきを続けるチーム・アホノミクスから日本を取り戻す方策を語る
840円 733-3 C

一回3秒 これだけ体操 腰痛は「動かして」治しなさい
松平浩
『NHKスペシャル』で大反響！ 介護職員をコルセットから解放した腰痛治療の新常識！
780円 734-1 B

遺品は語る 遺品整理業者が教える「独居老人600万人」「無縁死3万人」時代に必ずやっておくべきこと
赤澤健一
多死社会はここまで来ていた！ 誰もが一人で死ぬ時代に、「いま為すべきこと」をプロが教示
800円 735-1 C

ドナルド・トランプ、大いに語る
セス・ミルスタイン 編
講談社 編訳
アメリカを再び偉大に！ 怪物か、傑物か、全米が熱狂・失笑・激怒したトランプの〝迷〟言集
840円 736-1 C

ルポ ニッポン絶望工場
出井康博
外国人の奴隷労働が支える便利な生活。知られざる崩壊寸前の現場、犯罪集団化の実態に迫る
840円 737-1 C

18歳の君へ贈る言葉
柳沢幸雄
名門・開成学園の校長先生が生徒たちに話していること。才能を伸ばす36の知恵。親子で必読！
800円 738-1 C

本物のビジネス英語力
久保マサヒデ
ロンドンのビジネス最前線で成功した英語の秘訣を伝授！ この本でもう英語は怖くなくなる
780円 739-1 C

選ばれ続ける必然 誰でもできる「ブランディング」のはじめ方
佐藤圭一
商品に魅力があるだけではダメ。プロが教える選ばれ続け、ファンに愛される会社の作り方
840円 740-1 C

歯はみがいてはいけない
森昭
今すぐやめないと歯が抜け、口腔細菌で全身病になる。カネで歪んだ日本の歯科常識を告発!!
840円 741-1 B

表示価格はすべて本体価格（税別）です。本体価格は変更することがあります